増補版

国策捜査

暴走する特捜検察と餌食にされた人たち

青木 理

角川文庫
18234

はじめに――「検察・警察に狙われた側」の視座から

特捜検察が捜査に乗り出した事件を「国策捜査」などと冷笑的に評することが珍しくなくなったのは二〇〇〇年代に入ってからのことだった。以前から司法やメディアに関わる者たちの間ではしばしば口にされていたフレーズではあったが、次第に人口に膾炙《かいしゃ》し、検察捜査を批判的に捉《とら》えた書籍や言説も多少は目につきはじめた。

その後、大阪地検特捜部での証拠改竄《かいざん》事件をはじめとする幾つかの検察不祥事が噴き出し、検察が正義の機関であるかのような〝偽りの神話〟に大きな疵《きず》がついたのは周知の通りである。それでも検察組織は日本の刑事司法システムの中で圧倒的な力を有しており、システムの中枢部分を牛耳っているといっても過言ではない。

最高検察庁を頂点とし、全国に八カ所の高等検察庁（高検）、五〇カ所の地方検察庁（地検）などを配する日本の検察組織には、刑事事件を起訴して裁判を求める権限（公訴権）を基本的に独占するという強大な権限が付与されている。警察にせよ、国税当局にせよ、他の捜査機関にせよ、いくら事件を捜査しても検察が起訴してくれなければ刑事裁判にかけることができない。また、刑事訴訟法によって検察は自ら直接捜査に乗り出すこともできると定められており、東京、名古屋、大阪の三地検に置かれた特別捜査部（特捜部）――いわゆる特捜検察がその中核を担っている。

これまで中央政界が絡む数々の汚職事件などを摘発してきた特捜検察は、時に「最強の捜査機関」といった呼び名が冠され、長きにわたって盛んにもてはやされてきた。多くの人は特捜検察に「巨悪摘発」への期待を寄せ、新聞やテレビをはじめとする大手メディアも、その捜査に喝采《かっさい》を浴びせた。結果、特捜検察による捜査は「絶対正義」かのような装いを纏《まと》うに至り、冷静な批判や分析はかき消されがちとなってしまった。

しかし、その捜査も内実を一皮めくってみれば、実のところ矛盾と不公正が渦を巻いていた。特に近年の捜査は、一見して「巨悪」を摘発しているように見えたとしても、背後には検察内部の薄汚れた思惑や打算が横たわり、捜査や取り調べ手法に数々の問題を孕《はら》んだケースも散見される。

本書のタイトルとした「国策捜査」は、特捜検察が政治や世論に背を押されるかのように突き進んだ結果として生まれた歪《ゆが》んだ捜査の一形態である。こうした捜査が横行するようになったことにより、検察捜査のターゲットとされた人々の多くが近年、こんな台詞《せりふ》を口にするようになった。

「はじめに筋書きありきの捜査だった。事実と異なることをいくら反論してもまったく聞く耳を持ってもらえず、検察の描く筋書き通りに事件がつくられてしまった」たやすい。しかし、検察捜査のターゲットとなった人の多くが、なぜにかくも同じような台詞を口にするようになったのか。その実相に分け入っていくと、検察捜査を蝕《むしば》んでいる深刻な病理に気づかされる。

所詮《しょせん》は犯罪の嫌疑をかけられた連中の言い分ではないか、と突き放してしまうのは

もちろん、いくら検察組織が強大な力を持っているといっても、所詮は行政機構の一つに過ぎないことを忘れてはならない。本来であればその歪みは、行政、立法と並ぶ三権の一つである司法権を司《つかさど》る裁判の場において是正されねばならないし、是正されれば何の問題もない。

ところが、近年の裁判は検察捜査をただ追認するだけの装置に堕している。また、検察の動きを冷静に分析・報道し、チェック機能の一端を担うべきメディアの惨状など語るまでもない。元来が捜査当局ベッタリの習性に染まった日本の大手メディアは、特捜検察が動き出すや否や、その尻馬《しりうま》に乗ってターゲットを一方的に指弾し、時に狂乱ともいえるような報道を繰り広げ、世論を煽《あお》る。そう、検察捜査ばかりではなく、刑事司法システム全体と周辺にまで病は広がっているのである。

かくて、ひとたび検察捜査の標的とされれば、検察とメディアによって水に落ちた犬のように叩《たた》かれ、徹底した非難の猛火に晒《さら》され、救いなき沼の底に沈められていく。

果たしてこれでいいのか。そうした問題意識を契機とし、二〇〇七年の初頭に発足したのが「日本の司法を考える会」だった。

「発足した」とはいっても、会則のようなものがあるわけでもなければ、会に参加するための条件のようなものがあるわけでもない。政界やメディア界に関わる人々を含む幅広い司法関係者が自由に集い、不定期にワークショップを開催し、検察捜査や司法を取り巻く問題点を忌憚《きたん》なく論議しようではないか、という試みに過ぎない。

ただ、一つだけ大きな「原則」はあった。自由な論議の場となるワークショップには毎回、検察捜査によって塀の内側に落とされた――あるいは落とされかけた――人物をゲストに招き、まずは先入観を排して、その「言い分」に耳を傾けてみようという点である。世間から徹底的に叩かれた人々の主張を真摯《しんし》に検証し直し、果たして捜査の側に瑕疵《かし》や不当がなかったのか、再考察してみようというのが狙いだった。

本書は、そうして続けられたワークショップにおける議論の記録である。

実際に二〇〇七年一月からスタートしたワークショップは当初、「国策捜査」的な事件で特捜検察のターゲットとされた政界関係者が主要ゲストとなったが、その幅は次第に広がっていった。論議を積み重ねるうち、問題の根が検察捜査ばかりにあるのではなく、警察捜査や裁判までを包含する日本の刑事司法システム全体に及んでいることが浮き彫りとなったからだった。

結果、ワークショップでは検察・警察が二人三脚で捏造《ねつぞう》したかのごとき事件の被害者や刑事裁判に精通した元判事らもゲストに招き、刑事司法全体を覆う問題点を幅広く洗い出すこととなった。

目次をご覧いただければわかる通り、その顔ぶれは実に多彩である。

政治家、弁護士、公認会計士、元検事、元新聞記者、知事、外交官、県議……。

いずれの人々も各分野で突出した経歴を持ちながら、ある日突然、検察・警察による捜査のターゲットとされ、メディアと世論の猛バッシングに晒された。また、いずれの人々も今なお無罪を訴え、捜査の不当に強い憤懣《ふんまん》と不満を抱いている。

彼らは何故、検察や警察のターゲットとされるに至ったのか。彼らは捜査の何を不当と訴え、日本の刑事司法の現状をどう捉えているのか。

本書は、徹底して「捜査に狙われた側」から見た日本の刑事司法の一断面である。率直に記してしまえば、筆者である私自身、すべてのゲストの主張に腹の底からの共感を覚えたわけではないし、ワークショップでの議論を記録することに徹したため、各証言を裏付けるための取材に限界があったのも否めない。ただ、圧倒的多数のメディアが「捜査の側」からの視座で被疑者を断罪する中、これほどに「狙われた側」からの視座を貫いて刑事司法の実情を見つめ直した試みはないと断言できる。そして、ここに登場する人々の訴えを通読すれば、日本の刑事司法に巣食う歪みの源泉がほの見えてくる。

さて、そうしてはじまった「日本の司法を考える会」の運営を担当したのは、元自民党参議院議員の村上正邦氏と『週刊金曜日』の編集部だった。

周知の通り、村上氏は宗教団体「生長の家」をバックボーンとする政治家として長く活動し、一貫して復古主義的なスタンスで改憲や靖国参拝の必要性などを訴え続けてきたことで知られる。一方の『週刊金曜日』は、今や数少なくなったリベラル系の論調を特色とする雑誌メディアであり、各種の市民運動とも密接な連関を有している。一見すると水と油のごとき両者が「思想」や「立場」の違いを超え、日本の刑事司法の現状について共同作業で考察してみよう、というわけである。

「思想」や「立場」が異なるとはいえ、現状の検察・警察による捜査や刑事司法のあり方に対する懐疑は両者に共通していた。

第1章で紹介するが、村上氏は二〇〇〇年にKSD（財団法人ケーエスデー中小企業経営者福祉事業団）事件に絡んで東京地検特捜部によって逮捕・起訴されながら、一貫して捜査の不当と全面無罪を主張し続けてきた。一方、警察や検察といった権力機構のありように厳しい目を注いできた『週刊金曜日』は、検察捜査や司法制度の矛盾を新たな角度から捉《とら》え直してみたいと考えた。

こうした両者が力を合わせ、日本の刑事司法の問題点に斬り込んでいったのである。したがって「日本の司法を考える会」ワークショップには、政界や司法界、メディア界などから実にさまざまな立場の人々が参加し、興味深い討論が繰り広げられることとなった。

本書の筆者である私は、両者からの依頼を受けて客観的な立場から議論を記録し、記事として発表する役回りを担った。つまり、私は議論の記録者であったに過ぎないが、これほど多彩なゲストの生の声にふれ、それを報告する作業に関われたことは、実に興味深い体験だった。


なお、本書のもととなった単行本は二〇〇八年五月に初版が刊行された。前述した通り、その後に大阪地検の証拠改竄《かいざん》事件をはじめとする検察不祥事が続発し、大手メディアなどもようやく検察に批判的な報道を多少は繰り広げるようになったが、「日本の司法を考える会」ワークショップはそれよりずっと早い段階から検察捜査の問題点を果敢に指摘し、より本質に迫る議論を重ねてきた。証拠改竄などの検察不祥事も起こるべくして起きたと考えているし、最近になって問題視されているような弊害は本書内ですべて語られ尽くされていると自負している。

それでも今回、文庫化するにあたって各ゲストの近況などに関する新たな動きを付記して一部を手直しし、時間的な都合で単行本には盛り込めなかったゲストの訴えも新たに追加した。つまり本書は、単行本を大幅にリニューアルした増補・改訂版ということになる。

最後に、ここで個々人の氏名を記すことはできないが、「日本の司法を考える会」ワークショップには本文中で紹介した人々以外にも新聞やテレビ、出版社などに所属する記者や編集者、あるいは政界、司法関係者ら多くの人々が参加し、議論に加わってくれたことをお断りしておく。

筆　者

増補版　国策捜査　目次

第1章　村上正邦

罵詈雑言と恫喝で虚偽自白を強要した特捜部副部長

むらかみ・まさくに　元自民党参院議員。元労相。一九三二年生まれ。福岡県出身。拓殖大学政経学部を卒業後、故・玉置和郎議員の秘書を務め、宗教団体「生長の家」関連の政治団体でも活動した。一九八〇年に参院議員に初当選し、自民党国会対策委員長などを経て一九九二～九五年に労相。ＫＳＤ事件で二〇〇一年に議員辞職するまでの間、参院自民党幹事長や議員会長などを歴任した。野党にも太いパイプを持って永田町で大きな政治的影響力を誇っていたことから、「村上天皇」などの異名を取っている。

【KSD事件と村上正邦氏】

KSDは、理事長の古関忠男氏が一九六四年に創立し、中小企業経営者を対象とした労災保険などの事業を展開、共済会費などで年間約二五〇億円もの資金を集める団体に成長させた。しかし、二〇〇〇年になって古関氏の乱脈経営や政界との不透明な関わりが表面化し、東京地検特捜部が捜査に着手。古関氏を背任や業務上横領、贈賄などで逮捕したのに続き、自民党参院議員だった村上正邦氏や小山孝雄氏を受託収賄罪で逮捕して大きな衝撃を与えた。事件の過程では、自民党の組織的な幽霊党員集めや巨額の党費肩代わりを行なったことも発覚。自民党の政治資金団体への献金や元防衛庁長官の額賀福志郎氏側への一五〇〇万円提供問題なども明らかになったが、これらについてはいずれも立件が見送られた。

村上氏に科せられた起訴事実は、一九九六年一月上旬ごろに古関氏から「ものつくり大学」設置を支援する代表質問をしてほしいとの請託を受け、その謝礼として同年一〇月に現金五〇〇〇万円を受け取ったほか、元政策秘書と共謀し、一九九六〜九八年の事務所家賃約二二八〇万円の肩代わりを受けた——というもの。村上氏は容疑を一貫して否定したが、東京地裁は二〇〇三年五月に懲役二年二月、追徴金約七二八〇万円の実刑判決を言い渡し、二審も控訴を棄却。最高裁も二〇〇八年三月に上告を棄却し、実刑が確定した。

なお、執行猶予つき判決が確定していた古関氏は二〇〇五年二月、自宅浴槽内で死亡しているのが発見されている。

二〇〇七年一月にスタートした「日本の司法を考える会」ワークショップの初回ゲストとなったのは、元参院議員の村上正邦氏である。

「はじめに」で記したように、村上氏はかつて政界を代表する右派政治家として勇名を馳《は》せ、憲法改正の必要性や靖国神社参拝の意義などを熱心に唱えてきたことで知られる。また、労相や参院の自民党幹事長、同議員会長なども歴任した重鎮政治家であり、一時は「参院のドン」「村上天皇」と称されるほどの影響力を誇っていた。二〇〇〇年四月に当時の小渕恵三首相が病に倒れた際は、直後に五人の自民党幹部が都内のホテルの一室に集まり、「密室」で後継総理に森喜朗氏を押し上げたことが批判を集めたが、村上氏がこの「密室談合五人組」の一人だったのもよく知られたエピソードだろう。

しかし、その政治人生は二〇〇一年、一挙に暗転した。この前年から東京地検特捜部が捜査に乗り出したKSD事件に絡み、二〇〇一年三月に受託収賄容疑で逮捕されてしまったからである。

KSD事件の経過と概略については一九ページに別記した。村上氏は一貫して完全無罪を訴え続けているが、一審、二審ともに実刑判決を受け、最高裁も二〇〇八年三月に上告を棄却、村上氏の実刑は確定した。

この間、起訴事実をめぐる検察側と村上氏の主張は真っ向から対立し続けた。ここで両者の主張のどちらに理があるのかを軽々に断ずることはしないが、ワークショップで村上氏の話に耳を傾け、公判記録や関係資料なども精読していくと、東京地検特捜部の取り調べが随分と酷《ひど》い横暴や不正にまみれ、そもそも捜査自体が極めて杜撰《ずさん》だったことが明確に浮かび上がってくる。

1

村上氏は、ワークショップに参加した数多くの人々を前に「私は無実だ」と繰り返し訴え、一連の捜査で最も屈辱的だったものの一つが検事の横暴極まりない取り調べだった、と言って唇を噛《か》んだ。

村上氏の話。

「生を受けて七〇年、あれほど屈辱に満ちた日々はなかった。（取り調べ中は）日記をつけていたが、読むと今も悔しくて悔しくて、記憶が生々しく蘇《よみがえ》ってきて夜も眠れない。自尊心なんて頭っから否定され、彼ら（検察）の描く筋書き通りに事件が着々とつくられていった。無茶苦茶。とにかく、無茶苦茶な捜査だった」

「参院のドン」「村上天皇」とまで呼ばれた村上氏でも、取り調べ時は検事の背後の壁が「巨大な国家権力の化け物のように感じた」という。当初こそ比較的丁寧だった取り調べは日を追うごとに変質し、容疑を否定し続けると検事の態度は急速に横暴化していった。村上氏は取り調べ検事からこんな罵詈雑言を繰り返し浴びせられたと振り返る。

「あんたは日本語も知らないのか。それで何が『元号法制化』だ」

「嫌疑を否定すれば制裁を考える。承知しておけ」

「お前は人間のクズだ。自分のことしか考えない」

「どこの馬の骨だかわからんのに『村上水軍の末裔《まつえい》』などと吹聴《ふいちょう》して世間をたぶらかしている」

「お前を『先生』などと呼ぶ価値はない。オイ村上だ。貴様、チンピラヤクザよりまだ悪い」

「国会で腹を切るとかエラそうなこと言っていたな。それなら、オレの目の前で切ってみせろ!」

村上氏が憤って言う。

「私もあんな目に遭うまでは、検察とは正義を遂行するものだと思っていました。司法の一翼を担う検察は、正義を顕現するために厳正かつ神聖な裁きを行なう、と信じていたんです。しかし、実態はまったく違った。調べに当たった検事の冒瀆《ぼうとく》はあまりにひどく、罵倒《ばとう》と侮辱は限界を超えていました。もう耐えられないほどだった」

　取り調べにあたった検事は、時の総理だった森喜朗氏についても「森？　お前、あんなバカをなんで総理にしたんだ。ありゃバカだよ」と言い放ったという。これには村上氏も「それだけは説得力があったんだよねぇ」と大笑いするのだが、行政権の一翼を担う検察組織の一員が、当の行政府のトップに君臨する首相を公然とバカ呼ばわりするのは異様な光景であろう。

　ワークショップに参加していた弁護士の永野《ながの》義一《よしかず》氏は元検事で、一九九〇年代の前半には東京地検特捜部で副部長を務めた経験を持つ。その永野氏は、村上氏の明かした取り調べ検事の横暴ぶりに「本当ですか？」と目を見開き、こう口を開いた。

「驚いています。言うまでもなく、取り調べとは真実を引き出すためのものです。しかし、暴言を吐いて果たして真実が得られますか？　怒鳴り上げて真実が出ますか？　残るのはむしろ反感だけでしょう。取り調べとして論外だ。（被疑者には）それなりの敬意を払い、話を聞き、矛盾点を追及して真実を得るべきなんです」

2

　永野氏の指摘はまさに「正論」だと思う。実際、一九九三年から九五年まで東京地検特捜部長を務めた宗像紀夫《むなかたのりお》氏（現・弁護士、名古屋高検検事長などを歴任）も『福島民報』紙（二〇〇六年一〇月一日付）に次のような一文を寄せている。ワークショップの中で参加者の一人が紹介してくれた寄稿文のタイトルは《事実発見の難しさを知れ》。長く特捜検事として活躍し、メディアなどでは「特捜の顔」と評されたこともある宗像氏は、《若い頃に上司から教えられたこと》とした上で、次のように記している。

《検事にとっては、犯罪捜査は日常的な仕事だが、事件関係者にとっては捜査機関に取り調べを受けるのは人生で一度というものが大半だろう。だから、粗雑に対応したり、権力的に、居丈高に振る舞ったりしてはいけない》

だが、これこそまさにキレイゴトにすぎない。同じ寄稿文で宗像氏自身がこうも打ち明けている。少し長くなるが、原文のまま引用を続ける。

《ある経済事件で、捜査当局は、「これは組織ぐるみの犯罪だ」ときめつけ、「違法行為を部下に指示したことはない」と言い続けた社長に対し、その真実の弁解には全く耳を貸さず、もっぱら自白を迫り、「認めないなら首をつって自殺しろ」「社長を辞めろ」と罵倒し、自白調書に署名させた例もあると聞く。

犯罪捜査は、もちろん人格的にすぐれた、そして十分な経験を積んだものが行なうべき仕事だと思われるが、現実にはそうではない。経験も浅く、人を説得する十分な技術もない者が、ただ相手を怒鳴りつけて力で相手をねじ伏せるというようなケースも少なくないのである。参考人を調べる場合にも「あなたは被疑者だ。場合によっては逮捕もできるんだ」と相手を脅して、捜査官側の意向に沿う供述を求め、体験もしていない、記憶に反するような内容の調書が作成されたとの報告も最近しばしば聞くようになった。嘆かわしいことだ》

宗像氏は《最近聞くようになった》《嘆かわしいことだ》などと他人事《ひとごと》のように記しているが、自らが特捜部長として指揮を執ったゼネコン汚職事件（一九九三～九四年）では、取り調べの最中に検事が参考人に暴行を働き、特別公務員暴行陵虐罪に問われる事態が発生している。近年の検察捜査では、類似の横暴な取り調べが蔓延《まんえん》しているばかりか、被疑者や参考人の弱みに付け込むかのような脅迫や恫喝《どうかつ》による司法取引まがいの手口までが横行していることは、今後のワークショップで繰り返し指摘されることになる。

ところで、村上氏の取り調べを担当した検事とは、当時の特捜部副部長だった井内《いうち》顕策《けんさく》氏である。故・金丸信元自民党副総裁の脱税事件などを手がけ、二〇〇三～〇五年には東京地検特捜部の部長を務めた特捜検察のエース的存在として知られる人物だった。

一方で井内氏は、日興證券への利益要求事件の渦中に自殺した故・新井将敬代議士の捜査を担当し、特捜部長就任の直後には大手メディアの検察担当記者に宛てて「マスコミはヤクザ者より始末に負えない悪辣《あくらつ》な存在」「マスコミほどいい加減で無責任な組織はない」と記した文書を配布、国会などで問題化した経歴も持つ。

そんな井内氏について、ワークショップの中で司法担当記者の一人は「ヤリ手と言われる一方で瞬間湯沸かし器とも評され、あまりに強引な手法には批判も多かった」と明かし、過去に名誉毀損《きそん》事件をめぐって井内氏の取り調べを受けた経験を持つ月刊誌『噂の真相』の元デスク・神林広恵《かんばやしひろえ》氏はこう振り返った。

「とにかく横柄で居丈高。事実と異なると言って反論すると、机を叩《たた》いて怒鳴り散らし、検察側の考えを一方的に押しつけてくる。自分たちが描いている筋書きに合わないことは一切受け入れようとせず、被疑者側の言い分をまったく聞こうとしない態度が印象的だった」

このような人物が特捜検察のエースに数えられ、東京地検の特捜部長にまで上りつめているのである。

3

前記したように、村上氏をめぐる事件で問題なのは、横暴な取り調べばかりに限らない。肝心の捜査自体も杜撰《ずさん》さばかりが目立つ。

村上氏が問われた受託収賄罪の立件のためには、「請託の有無」の証明が欠かせない。「請託」とは、贈賄者が村上氏に対し、職務上特定のことを行なうよう依頼したかどうかであり、「いつ、どこで、どのような請託が行なわれたのか」の立証は捜査側に課せられた重要かつ必須《ひっす》の作業となる。

ところが、村上氏の事件において検察側が「請託の有無」を裏付けるものとして示した証拠は、公判廷の場で完全に覆されてしまったのである。

村上氏の事件で検察側が描いた構図は次のようなものだった。

「ものつくり大学」の設立を目指していたKSD元理事長の古関忠男氏は、大学設置に対する国の支援を得ようと画策し、これを国会の場で訴えてほしいと村上氏に依頼、この請託の謝礼として村上氏側に賄賂《わいろ》を贈った――。

この構図を立証し、「請託の有無」を裏付ける証拠として検察側が示していたのが、古関氏の供述調書だった。ところが、肝心の古関氏が村上氏の控訴審でそれまでの供述を翻し、「検事に『村上逮捕のため協力してくれ』と頼まれ、弁護士からも『協力した方がいい』と言われた」ためにウソの供述をしていたと証言、請託などなかったと訴えたのである。

いったい何故、古関氏は検察の捜査段階でウソの供述をしてしまったのか。事件を取材した司法ジャーナリストの鷲見《わしみ》一雄《かずお》氏の分析はこうである。

「検察は、自らのシナリオ通りの事件をつくり上げるため、渋る古関氏を説得して事実に反する供述調書に署名させた。古関氏は、検察の意向に従わなければ執行猶予や保釈が取れなくなることを恐れ、結局は検察官に迎合する供述をさせられたんです」

古関氏は二〇〇五年に急逝しており、今となっては真相は闇の中である。ただ、後に実刑判決が確定して収監される村上氏に対し、弁護士を通じて古関氏は次のような手紙を寄せてきたという。村上氏によれば、古関氏からの手紙には、村上氏への詫《わ》びの言葉が連ねられていた。一部を抜粋すれば、次のような内容である。

〈控訴審でありのままを証言するまでは、私は死んでも死にきれないという思いで一杯でした。私の虚偽の検事調書によって村上先生が逮捕、起訴され、有罪にしてしまったからであります。いまさら申し上げても詮無《せんな》いことですが、私の証言によって村上先生を無実の罪に陥れてしまったこと、いまは深く深く悔やんでおります。本当に申し訳なく、深くお詫び申し上げます。

控訴審で私が前言を翻し、真実を述べる決意をしたのは、そういう思いからでありました。四年前、私ははじめて経験する厳しい取り調べの中で、検事から村上先生の逮捕に協力するよう頼まれました。八十歳を過ぎた身で、真冬の拘置所の暖房もない中で厳しい取り調べを受け、心身ともに衰弱していた私は、一日も早い保釈を望んでいました。その時、検事からも、検事に協力して罪状を認めれば保釈が認められ、執行猶予を取ることもできるとのアドバイスを受けました。こうした悪魔の囁《ささや》きを受け、虚偽の証言をしてしまいました。

一審の公判で真実を申し述べることができなかったのは、検察庁に二十回近くも呼び出され、無言の圧力を受けていたからです。村上先生が無実であることを証明できるただ一人の人間として、なしうるすべてのことをしようと決意しています。真実は一つです〉

繰り返しになるが、古関氏はこの後に急逝してしまっており、その口から直接証言を得ることはもはや叶《かな》わない。だが、本書の中でこれから何度も記していくこととなる通り、脅迫や司法取引まがいの取り調べで歪《ゆが》んだ供述を引き出す手法が横行している検察捜査の現状を鑑《かんが》みれば、古関氏もまた、脅迫的取り調べの中で偽りの供述に追い込まれてしまった疑いは極めて濃いと私は思う。

4

いずれにせよ、受託収賄罪立証の最大の柱となる「請託の有無」を裏付ける証拠が翻されてしまったのだから、これだけでも検察側の描いた構図は大きく崩れてしまったといえる。また、請託があったとされる日時、場所に関しても、検察側の立証作業は杜撰を極めていた。

古関氏から村上氏への「請託」があった場所について、検察側は一審段階まで、議員会館内の村上氏の事務所だったと指摘していた。しかし、自民党の参院幹事長を務めていた村上氏は当時、議員会館の事務所ではほとんど執務をしていなかった。こうした矛盾点を弁護側に追及されると、検察側は控訴審段階になって「請託」の場所は参議院の院内幹事長室だったと一転させた。しかも、請託の時期も起訴状に「一月上旬ごろ」としか記せないという曖昧《あいまい》さだった上、請託の場とされる会合に古関氏側近のKSD関連団体元幹部が同席していたことが控訴審で初めて明らかになるほどのお粗末さだったのである。

これについて永野氏は、

「(請託の日時や場所は)まさに(事件の)構成要件。請託の場所が違う、あるいは日時が違うということになると当然、(容疑事実自体が)灰色になってくる。請託の日時場所は(被疑者に)アリバイが出たら終わりなので、本来は非常に慎重に調べるものなのだが……」

とあきれた表情を見せ、村上氏の公判を継続取材してきた大手紙の司法記者と鷲見氏は、それぞれこんな風に指摘した。

「古関氏の曖昧な供述だけを根拠にした検察捜査は、何から何まで疑問だらけだった。公判を傍聴していても、率直に言って村上氏は無罪だとの印象を抱いた。少なくとも検察側は、合理的疑いをさしはさむ余地がないところまで受託収賄罪を立証できたとは言い難い」（大手紙司法記者）

「私も特捜部の手掛けた事件を数多く取材してきたが、これほど杜撰な捜査を見たことがない。この事件を検証してみると、特捜部は村上氏に四六時中付いている警護のSPや参院幹事長付きの自民党職員ら（の動向）すら調べていない。そもそも、請託を受けて行なったとされる国会の代表質問は、党を代表して行なうものであり、村上氏個人が自由にできるものでもない。これで有罪になるなど、とんでもない話だと思う」（鷲見氏）

さらに言うなら、国会で行なった代表質問を罪に問うのは、憲法との関係上も大いなる疑問を残している。憲法が第五一条で次のように定めているからである。

〈両議院の議員は、議院で行つた演説、討論又は表決について、院外で責任を問はれない〉

だが、一審・東京地裁に続く二審・東京高裁も二〇〇五年一二月、検察の主張を追認し、二〇〇八年三月には最高裁も村上氏側の上告を棄却した。検察の判断に追随してばかりの裁判の現状についても本書で今後触れていくこととなるが、これほどの横暴と杜撰、そして矛盾に塗《まみ》れた捜査に対しても、裁判は疑義を突きつけることはなかったのである。

5

初回ワークショップにおける議論は、いわゆる「人質司法」の悪弊にも及んだ。

被疑事実を否認する限り保釈も認めないという「人質司法」の問題点については、長らく司法界でも批判の声が上がってきた。保釈をエサにして被疑事実を認めさせるという捜査手法が横行し、冤罪《えんざい》の温床になっているからである。

日本の刑事訴訟法は、起訴後から保釈請求をできると定めた上で、殺人などの重罪や証拠隠滅の恐れがある場合などを除いては「保釈を原則」としている。ところが、現状ではほとんどの場合、被疑事実を否認すれば保釈を認められず、長期の勾留《こうりゅう》を余儀なくされる。「人質司法」については、今後もたびたびワークショップの中で問題点が指摘されていくこととなるが、村上氏の事件でもその悪しき痕跡《こんせき》を随所に窺《うかが》い見ることができる。

たとえば贈賄側として逮捕・起訴されたKSD元理事長の古関氏は、前記したように村上氏の控訴審公判で証言を翻した際、それまで嘘の供述をしていた理由をこう打ち明けている。

〈保釈になるのが遅れたり、調書と違うことを話して実刑になるのを避けたかった〉

〈検事に協力して罪状を認めれば保釈が認められ、執行猶予を取ることもできるとのアドバイスを受けた〉

保釈をエサの一つとして検察側が無理矢理に「自白」させた疑いは濃厚であり、村上氏自身も取り調べの際にこんなことがあったと振り返る。

「私は無罪だと確信しているから否認を貫きましたが、そのうちに井内検事は『あんた、否認するということは、ずーっと（拘置所に）いるということだね』って言うんですよ。『ここが好きなんですか』なんて、馬鹿みたいなことも言う。誰が好き好んでおるもんかって（苦笑）」

村上氏の場合、最終的に起訴事実を否認する一方、関係者の供述調書の証拠採用は認め、その信用性を争うという方針をとったため初公判の日に保釈となったが、それでも勾留期間は一二〇日にも及んでいる。いくら国会議員とはいえ、七十歳を超えた被疑者を一〇〇日以上も勾留するというのは異常極まりないことだが、被疑事実を否認したために数百日という長期勾留を余儀なくされるケースは決して珍しくない。

弁護士の資格を持つ元衆院議員の白川勝彦《しらかわかつひこ》氏も、ワークショップの中でこんなエピソードを明かして溜《た》め息をついた。

「最近になって知人からの依頼で軽微な恐喝未遂事件の弁護を二〇年ぶりに引き受けたんですが、かつてと比べて人の身柄を逮捕・勾留するということに対する人権意識がひどく後退してしまった印象を受けました。（検事が）『起訴する』というから、こちらは当然の権利として『保釈請求する』と伝えたら、『じゃあ（起訴事実を）認めるということですね』と言う。『そんなことはわからない』と反論すれば、検事は『それじゃ保釈は認めない』って……。そもそも保釈の可否は裁判所が決めるものであって、検事にそんなことを言う資格はないんだが、裁判官も完全に検察の言いなりですから」

これを受けて、ワークショップに参加していた元外務事務官の作家・佐藤優氏と白川氏の間でこんな議論が繰り広げられた。あらためて紹介するまでもなく、佐藤氏は衆院議員の鈴木宗男氏らとともに東京地検特捜部によって逮捕・起訴され、一時はメディアの総バッシングに晒《さら》されている（佐藤氏の事件については第14章を参照）。

「人間を逮捕勾留するというのはどういう意味なのか。たとえば勾留延長などのための裁判官に会わねばならない時、せいぜい五分か一〇分ほどの勾留質問のために、まる一日、裁判所に連れて行かれるでしょう」（白川氏）

「特捜に捕まった被疑者の場合、（裁判所では）『仮監』といって座敷牢《ざしきろう》みたいな凄《すご》く狭い部屋に入れられるんです。そして最初からゴム印が用意されている。否認すると

『身に覚えがありません』っていうハンコをポンと押すだけ。時間にすれば三分ほどだと思う」(佐藤氏)
「人間を人間として扱っていない。せめて午前中にやるなら正午に(拘置所へ)帰すとか、午後にやるなら午後に(裁判所へ)連れて行くことを徹底すればいい。捕まった以上は人間扱いしないよ、ということでしょう」(白川氏)
「そう。あそこにいるとさまざまな仕組みによって内側から人格を崩壊させられ、言うなりになるのが一番楽な道なんだ、と思わせる仕組みが実にうまくできている。そして『こんなところ早く出たい』『早く出るためにはどうすればいいのか』と考えるようになるんです」(佐藤氏)
かくして被疑者は検察側の描くシナリオに迎合し、不本意な調書に署名し、裁判所もそれを追認する。日本の刑事司法を蝕《むしば》む病理は根深いというのが、参加者の一致した見方だった。

★文庫版追記
懲役二年二月の実刑判決が確定した村上氏は、本稿執筆直後の二〇〇八年五月から二〇〇九年一〇月まで服役生活を余儀なくされた。しかし、八十歳を超えた現在も無実を訴え続けており、「日本の司法を考える会」を共同主宰して刑事司法の歪《ゆが》みに疑義を突きつける一方、弘中惇一郎弁護士らに依頼をして再審請求に向けた準備も進めている。

第2章　三井　環

裏ガネ告発の口封じを狙った
薄汚き検察の「庁益捜査」

みつい・たまき　元大阪高検公安部長。一九四四年生まれ。愛媛県出身。中央大学法学部を卒業後、一九七二年四月に検事任官。京都、福岡、神戸、鹿児島、大阪の各地検で検事を務め、一九八八年には高知地検次席検事に就任した。以後、高松地検次席検事、大阪高検検事、名古屋高検総務部長などを経て一九九九年七月から大阪高検公安部長を務めていた。しかし、検察の裏ガネづくりの実態を一部メディアで実名告発しようとした直前、大阪地検特捜部によって逮捕された。著書に『告発！　検察「裏ガネ作り」』（光文社）などがある。

【三井環氏をめぐる事件】

大阪高検の公安部長だった三井環氏が同地検特捜部に逮捕されたのは、二〇〇二年四月二二日。三井氏は当時、検察が「調査活動費」を組織的に流用して裏ガネづくりに手を染めてきた事実を告発すると決意し、月刊誌『噂の真相』など一部メディアの取材を受けており、逮捕当日はテレビ朝日の報道番組『ザ・スクープ』のインタビューも予定されていた。この直前に襲いかかった突然の逮捕劇は、検察による「口封じ」なのは明らかだった。

最初の逮捕容疑は、競落したマンションに住んでいるかのように装って神戸市から証明書を詐取した、などとするものだった。続く同年五月には、元暴力団組員に捜査情報を漏らす見返りに接待を受けたとして収賄容疑で再逮捕されているものの、接待額は二十数万円ほどに過ぎなかった。現職の検察幹部を逮捕するには極めて不自然な微罪だったが、多くのメディアは検察側のリークに乗って三井氏を「悪徳検事」であるかのように断罪し、裏ガネ問題には一切ふれない大手新聞もあった。

三井氏側は公判で「口封じのための違法捜査であり、無罪だ」と一貫して主張。起訴事実についても数多くの反証、反論を試みているが、一審・大阪地裁は二〇〇五年二月、収賄罪の一部を無罪とした以外は有罪を認定した。二〇〇七年一月一五日の二審・大阪高裁判決は、検察による裏ガネづくりの事実を一部認めつつも一審判決を支持し、控訴を退けている。

現職の大阪高検公安部長という地位にあった三井環氏が、「身内」であるはずの大阪地検特捜部によって突如逮捕され、大きな衝撃を引き起こしたのは二〇〇二年四月のことだった。しかし、三井氏逮捕に乗り出した捜査の背後を覗《のぞ》き見ると、信じ難いほど薄汚れた検察組織の思惑が渦を巻いていたことに気づかされる。

日本の検察は、長きにわたって組織的な裏ガネづくりという犯罪行為に手を染め続けてきた。一方の三井氏は当時、その事実を実名告発しようと決意し、複数のメディア記者と接触していた。

そんな最中《さなか》に三井氏が逮捕・起訴された事件は、検察上層部が自らの組織の犯罪行為を隠蔽《いんぺい》し、告発を口封じするため繰り出した「庁益捜査」とでも形容すべき代物であり、決して許されぬ権力の濫用にほかならない。

しかし、これほど醜悪な捜査が現実に堂々とまかり通り、二審判決まで進んでいる裁判も捜査の不当性にほとんど言及しないまま三井氏に有罪判決を下している。また、新聞をはじめとする多くの大手メディアも当時、三井氏を一方的に「悪徳検事」であるかのように描いて恥じなかった。すべてのメディアがそうでないにせよ、多くの記者が検察の思惑を知っていながら頬被《ほおかぶ》りし、逆に検察捜査の尻馬《しりうま》に乗って真実を歪《ゆが》めたのである。

三井氏をめぐる事件には、この国の検察と裁判、さらにはメディアの間に漂う腐臭が集約されている。

1

「検察の裏ガネ問題というのは、検察内部では周知の事実だったんです。それを告発しようと決意したのは、最初は（三井氏自身の人事などをめぐる）私憤でした。しかし、間もなく義憤へと変わっていった。私に対する捜査は誰が考えてもデタラメそのものであり、組織の犯罪を隠蔽するために逮捕権を濫用した最悪の捜査でした」

ワークショップの中で自らに降りかかった事件についてあらためて振り返った三井氏。当初こそ冷静な口調だったものの、次第に顔が紅潮し、言葉にも力が籠《こ》もっていく。逮捕から五年以上が経過してもなお、不当な捜査への怒りと憤りは収まっていないようだった。

まずは、三井氏が実名告発に踏み切ろうとしていた検察の裏ガネづくりの実態を簡単に紹介しておく必要があるだろう。といっても、その手口はさほど複雑なものではない。

裏ガネの原資となっていたのは、検察庁や法務省が情報収集活動の際に支払う謝礼金名目などの予算として割り当てられる「調査活動費」だった。本来は情報提供者らに支払われるべきカネを裏ガネ化するため、全国の検察組織は支払ってもいない架空の協力者をデッチ上げ、領収書を偽造し、支払ったことにしてカネをプールする。

この過程では当然、領収書偽造のほかにも不正な「支出伺い書」などの公文書作成が必要となる。いうまでもなく、これらはいずれも虚偽公文書作成や同行使、あるいは横領や詐欺にもあたる。

こうした明確な犯罪行為を直接担当するのは、地検なら事務局長、高検の場合では事務局次長らだが、裏ガネを使えるのは最高幹部に局限されていた、と三井氏は言う。

「裏ガネを使えるのは、地検であれば検事正。高検であれば検事長。法務省であれば事務次官や官房長、刑事局長。そういう幹部だけの〝一身専属〟でした」

実際に情報提供者へと支払われることなどほとんどなく、ほぼ全額が裏ガネへと流用されたとみられる調査活動費は、一九九八年度に検察庁全体で六億円近くに上っていたが、三井氏が告発に踏み切ろうとしたことによって急減し、現在は数千万円ほどになっているという。そうした意味では、三井氏が告発に踏み切ろうとして引き起こされた事件は皮肉にも絶大な〝効果〟があったといえる。

三井氏を囲んでのワークショップに参加していた元東京地検特捜部副部長の永野義一氏は、かつては裏ガネを「使う」立場にもあった。そんな永野氏は「検事の給料は安いんですよ」と苦笑いしつつ、「私も確かに（裏ガネを）使った」と明かし、その事情を率直にこう振り返ってくれた。

「ざっくばらんに言えば、大きな事件を昼も夜もなくやって、ようやく終わった時、部下と一杯やろうということになる。でも下っ端の中堅幹部にはカネがない。仕方ないから『上』に行けば少しは（カネを）持っているんだろうと。裏ガネをね。自分のポケットに入れたとか、女に使ったとか、そんなヤツは捕まるべきだと思うけれど、冠婚葬祭とか部下と一杯やるとか、（現場検事は金銭面で）大変なこともあるんです」

もちろん本来はいずれも自腹で支払うべきカネである。ただ、検察が所与の役割を誠実に遂行しているならば、捜査後に部下とささやかに労をねぎらい合うぐらいの「経費」を認めるのにやぶさかではない、と考えるのは私だけではないだろう。ワークショップに参加していた『月刊日本』主幹の南丘喜八郎氏も「必要だと国民が理解すれば予算計上すればいい」と語り、司法ジャーナリストの一人は「実態に合った予算を認めてこなかった財務当局にも問題がある」と指摘する。

だが、それが裏ガネである限り、実際には薄汚れた使い方をして恥じない検察幹部は後を絶たなかった。三井氏はこう振り返った。

「人によっても使い方は違うんです。要は接待費用ですが、ひどいケースでは一晩（の飲食）に四〇万円ぐらい使う。ゴルフにも使う。ある（地検の）検事正など、マージャン代だと言って一度に一〇万円ぐらい現金で持っていったこともあった。ウラ帳簿には『検事正渡し一〇万円』と書くだけで、領収書も何もない。そんな人もいましたよ。部下は唖然《あぜん》としていましたけどね……」

2

これほどデタラメな裏ガネの実態を告発しようとした三井氏に対し、検察上層部は隠蔽のために捜査の刃《やいば》を振り上げたのである。ワークショップの中で三井氏は、逮捕当時の検察内部の事情などをこう明かした。

「私が保釈になった後で聞いた話なども総合すると、(捜査の)陣頭指揮を執ったのは原田明夫検事総長(当時、以下同)です。大阪地検の佐々木(茂夫)検事正らは(逮捕に)反対したらしく、原田総長と数名の側近の意向だったらしい。当時を振り返ると、(検察としては)裏ガネづくりを認めて国民に謝罪し、ある程度は(関係者を)処分して『今後はやらない』と宣言する道もあった。そうすれば、一時的に検察の権威と信頼は失墜するかもしれないが、大局的に見れば『検察は他の役所と違う』という評価を得られたでしょう。しかし、(検察は)真っ黒を真っ白にしてしまった。原田総長の大きな判断の誤りであり、失敗です」

捜査の陣頭指揮を執ったという原田氏は、法務省の刑事局長や事務次官などを歴任し、二〇〇一年七月から〇四年六月まで検察組織のトップである検事総長を務めている。「法務官僚派の検事の代表格で、捜査の現場などはほとんど知らない」（司法ジャーナリスト）という人物だが、そんな原田氏は二〇〇一年七月二日の検事総長就任時の記者会見ではこう決意表明している。

《広く国民の胸に落ちる検察を念頭に努力したい》

語るに落ちるとはこのことだろう。自らの組織内部の不正を強権によって隠蔽する行為のいったいどこに「広く国民の胸に落ちる検察」の姿があるというのか。

元検事の永野義一氏が重い口を開いた。

「最初に（三井氏の事件を）聞いた時、そんなケースで特捜が逮捕するなんてあり得ないだろうと（思った）。しかし、逮捕したというのでビックリした。それが率直な思いだった。やっぱり『口封じ』という政策的なものなのかな、ってね……」

三井氏は、裏ガネ問題をめぐって検察が犯した最大の問題点の一つとして、隠蔽のために「内閣を利用した疑い」があったことを挙げる。

再び三井氏の話。

「二〇〇一年一〇月の末に原田検事総長と松尾邦弘・法務事務次官（当時。〇四～〇六年に検事総長）らが与党の大物政治家の事務所を訪ね、『加納人事』が承認されないと裏ガネ問題で検察が潰《つぶ》れると訴えた。これによって（大物政治家を通じて）小泉首相から（人事の）承認を取り付けたようです。だが、これで検察は小泉内閣に〝借り〟をつくってしまった。こんなことをすれば、政権の捜査、閣僚クラスの捜査などできなくなってしまいますよ」

　この話には若干の補足説明が必要だろう。

　三井氏が言う「加納人事」とは、大阪地検特捜部長や神戸地検検事正などを歴任し、「関西検察のエース」とも称された加納駿亮《しゅんすけ》氏を福岡高検検事長に据える人事のことを指す。三井氏は現役の検事時代、この加納氏に人事などをめぐって深い遺恨の念を抱いており、裏ガネ告発を決意する「私憤」もここから生じた。

　ここで「私憤」の詳細には踏み込まないし、「私憤」が内部告発の動機になったことの是非を問うことにも意味はない。告発が常に純粋な正義感に基づくとは限らないし、「私憤」が発端になることは決して珍しくない。そんなことよりも問題とされるべきは告発の中身であり、それを検察組織が持つ最大の強権を発動して握り潰した、という事実こそが問われるべきだと私は考える。

　いずれにせよ、加納氏への遺恨を抱いていた三井氏はまず、加納氏が裏ガネを使って遊興を重ねていることを問題化しようと考え、二〇〇一年には自らの存在を隠したまま知人を通じる形で加納氏らの刑事告発に踏み切った。しかし、検察は「嫌疑なし」としてこれを突っぱね、「加納人事」を強引に推し進めようとした。

　とはいえ、高検の検事長職は内閣が任命し、天皇の認証を経て就任する認証官である。裏ガネ流用問題で刑事告発されているような人物なら、内閣が軽々に任命するわけにはいかない。そんなムードを打破するため、原田総長率いる検察は「大物政治家」を利用して内閣に泣きつき、この年の一一月に人事の承認を取り付けた――というのが三井氏の見立てだった。

　こうした見立てを自身の著書でも紹介している三井氏は、当事者たちが口を閉ざしているため「真実は藪《やぶ》の中だ」と言う。ただ、ワークショップに参加していた作家の宮崎学《みやざきまなぶ》氏や司法ジャーナリストの鷲見一雄氏らは同様の見方が検察・司法関係者の間では周知の事実のごとく囁《ささや》かれてきたと指摘し、宮崎氏はこう分析した。

「大手メディアの中でも、検察担当の記者などは（こうした話を）みんな知っていますよ。知っていて書こうとしないのが問題なんだ。また、小泉内閣はこれで検察に貸しをつくり、一方の検察は辻元清美氏（衆院議員。秘書給与流用事件で二〇〇三年に逮捕され、執行猶予つき実刑判決が確定）や鈴木宗男氏（衆院議員。受託収賄罪などで二〇〇二年に逮捕され、実刑判決が確定。第3章を参照）のような一連の政治的な捜査に乗り出していったとみることもできる」

　こうした指摘はもちろんすべて推測に過ぎない。ただ、三井氏の事件の背後には、検察の組織防衛という薄汚れた思惑が横たわっているのは間違いない。ところが裁判所はここでもやはり、検察の主張を追認するだけだった。ワークショップに参加した大手紙記者が「検察の暴走を抑制するのは裁判所しかないが、チェック機能がまったく働いていないのではないか」と問いかけると、三井氏は嘆息しながらこう応じた。

「裁判所のチェック機能がまったくないというのは極めて大きな問題ですよ。検察がどんなことをやっても、最終的には裁判官が判断する。その裁判官がちゃんとしていれば問題はないが、（きちんとした判断を）できない。私の場合は組織の犯罪を隠蔽《いんぺい》するための捜査だった。裁判官だってわかっていると思うが、これを認定すれば検察には致命傷になる。有罪にしないと口封じの問題が出てくるから、無理にでも有罪にしなければならない。もちろん裁判官も苦しいとは思うが、自己の出世や検察の意向を気にせず、良心に従って判断してほしい」

この質疑をきっかけとし、ワークショップの議論は裁判のあり方や司法をめぐるメディア報道の問題点へと広がっていった。

3

三井氏が続けて言う。

「逮捕状など（の発付）にしても、裁判官は今、検察官の言うがままに出す『自動販売機』です。チェック機能はなく、保釈などに関しても完全に検事の言うなり。本来は検察への影響や政治の混乱などを考えず、良心に従い、証拠にもとづいて判断すべきなのですが、それができないんです」

弁護士でもあり、衆院法務委員会理事を務めている自民党の早川忠孝《はやかわちゅうこう》議員もやはり、現在の刑事司法のあり方に懐疑と懸念を抱いている。早川氏が裁判所のチェック機能を高め、司法の機能を向上させるために必要な方策例として挙げたのは、取り調べの「可視化」と「人質司法」の見直し、さらに「マスコミ等による外部からの監視」だった。

「検察レベルでは、（二〇〇九年の）裁判員制度導入を控えて『可視化』のための実験をやっていますが、『人質司法』というような形で身柄をずっと取られ、外に出られないということなどが結局、冤罪《えんざい》を生みやすい状況になっているのは間違いないわけです」

容疑者取り調べの様子を録音、録画する「可視化」については、早川氏の語るように検察での試行がすでにはじまっている。警察も近く試行に踏み切る予定だが、いずれも「可視化」の対象がごく一部にとどまるなど、課題は残されたままとなっている。

一方、司法を覆う問題点について「やはり政治の責任が大きい」と訴えるのは元参院議員の村上正邦氏だった。

「政治家なんて本当に(検察を)怖がってるんです。みんな叩《たた》けばホコリが出るから、『明日は我が身』という感じですよ。しかし、三井さんたちの事件を無駄にせず、風通しのいい司法の世界をつくっていかねばならない。怖がることなく、批判すべきは批判するという風潮をね。また、検察も『内閣が潰れてもいい』というぐらいの職業使命感を持ち、やるんなら徹底してやればいい」

村上氏や早川氏らがワークショップの中で語ったように、批判すべきを外部からきちんと批判することこそが検察や司法の健全化につながるのはいうまでもない。中でもやはり、メディアに課せられた役割は極めて重い。

しかし、ただでさえ批判能力が弱体化している日本のメディア界において、検察批判は長らく、タブーともいえる状況になってきた。メディアにとって検察が最大のネタ元の一つになっているのが主な理由ではあるが、検察側が巧みにメディア操縦を行なっていることも大きい、と三井氏は言う。

「検察内部で『風を吹かせる』という言葉があるんですよ。捜査というのは、マスコミを利用して(世論に)風を吹かせなければうまくいかない。だからリークする。リークを受けてマスコミは書き立て、(被疑者は)悪者にされる。松本サリン事件の河野義行《こうのよしゆき》さんのようなケースがあったにもかかわらず、マスコミは捜査機関のリークなら真実だと思って書きまくる。特に大手マスコミがダメだ。（検察の）協力が得られなくなるから、某大手新聞などは裏ガネ問題を絶対に書かなかった。みんな検察が恐ろしい。私は、日本に本当のマスコミなんてないと思ってますよ」

検察は自らの内部不正を強権で隠蔽して恥じず、裁判は検察の主張を追認するだけ。さらにメディアまで検察の尻馬《しりうま》に乗って「風を吹かせる」ためのリークに踊るという現状――。

三井氏は討論の最後に絞り出すような声でこう訴えた。

「政治家もそうだが、メディアに属する人たちは検察を恐れずにちゃんと行動してほしい。裁判官も同様です。真実はいったい何なのか。仮に個々の取材ができなくなっても、そんなことはたいしたことではないじゃないですか。真実は何なのかをきちんと追及し、伝えてほしい。それだけです」

★文庫版追記

一審、二審ともに実刑判決を受けていた三井環氏は、上告も棄却されて懲役一年八月の実刑が確定、二〇〇八年一〇月に収監された。刑期満了で静岡刑務所から出所したのは二〇一〇年一月一八日。その後も三井氏は、古巣である法務・検察の問題点を訴える活動を続けている。

一方、三井氏を口封じした事件捜査で最大の「功労者」に数えられていた大阪地検特捜部の元部長・大坪弘道氏が二〇一〇年一〇月、部下の検事による証拠改竄《かいざん》問題をめぐって逮捕、起訴されたのは、極めて皮肉な出来事だった。因果はめぐる、ということだろうか。

第3章

鈴木宗男
世論に煽られて突き進んだ
「筋書きありき」の暴走捜査

すずき・むねお　前衆院議員。「新党大地」代表。一九四八年生まれ。北海道出身。拓殖大学政経学部卒。在学中から故・中川一郎衆院議員の秘書を務め、一九八三年の衆院選で初当選。外務政務次官、防衛政務次官などを歴任し、一九九七〜九八年に北海道・沖縄開発庁長官、小渕内閣では内閣官房副長官を務めた。当時の与党・自民党では実力政治家として着々と地歩を築いていたが、東京地検特捜部の捜査が迫った二〇〇二年三月に自民党を離党し、同年六月に逮捕された。しかし、一貫して無実を訴え、二〇〇五年九月の衆院選に出馬して当選、衆院議員への復帰を果たした。

【鈴木宗男氏をめぐる事件】

北海道・沖縄開発庁長官や内閣官房副長官などを歴任した鈴木宗男氏は、自民党の実力者として政界で影響力を強めていたが、二〇〇二年に北方四島支援事業などをめぐる疑惑が浮上すると世論の批判が急速に高まり、東京地検特捜部が鈴木氏周辺の捜査に乗り出した。

主な疑惑とされたのは、外務省関連の国際機関「支援委員会」が発注した国後島の「友好の家」建設をめぐる外務省への働きかけや、同島のディーゼル発電施設の入札妨害など。事件は結局、同年四月に鈴木氏の公設第一秘書らが偽計業務妨害容疑で逮捕されたのを皮切りとし、七事件で鈴木氏や佐藤優氏ら計一二人が逮捕・起訴されている。

四島支援事業をめぐる疑惑がメディアなどで喧《かまびす》しく取り上げられた鈴木氏だが、こうした事業の不正に鈴木氏が関与した証拠はなく、最終的に鈴木氏に科せられた罪は、（1）内閣官房副長官だった一九九八年八月、北海道帯広市の製材業者「やまりん」側から請託を受け、五〇〇万円を受け取ったとされる斡旋《あっせん》収賄罪（2）北海道開発庁長官就任後の一九九七〜九八年に、網走市の「島田建設」から請託を受けて計六〇〇万円を受け取ったとされる受託収賄罪などだった。

これに対し鈴木氏側は全面無罪を訴えたが、一審・東京地裁は二〇〇四年一一月、鈴木氏の主張を退け、懲役二年、追徴金一一〇〇万円の実刑。二審・東京高裁も〇八年二月、控訴を棄却した。

かつて北海道・沖縄開発庁長官や内閣官房副長官などを歴任し、永田町の実力者として豪腕を振るった鈴木宗男氏の経歴に関しては、その身に巻き起こった事件を含め、あらためてここで詳細に記す必要などないのかもしれない。

それでもごく簡単に紹介すれば、叩き上げの政治家として強烈な存在感を誇示しつつ政界の階段を駆け上がった鈴木氏は、小泉内閣が推し進めた「構造改革路線」の下では「旧来型の利権政治家」として世論の圧倒的な指弾を受け、二〇〇二年六月に東京地検特捜部によって斡旋収賄罪などで逮捕・起訴されるに至った。一審・東京地裁は二〇〇四年一一月、鈴木氏に実刑判決を言い渡し、二審・東京高裁も鈴木氏の控訴を棄却したが、鈴木氏側は一貫して全面無罪を主張しており、公判は最高裁に舞台を移している。

振り返ってみると、「国策捜査」という単語を広く人口に膾炙《かいしゃ》させる契機となったのが、鈴木氏をめぐる一連の事件だった。鈴木氏とともに逮捕・起訴された佐藤優氏が取り調べ検事から「これは国策捜査だ」とする言質を引き出し、ベストセラーとなった佐藤氏の著書『国家の罠　外務省のラスプーチンと呼ばれて』（新潮社）などで詳しく紹介したことが、これを強く後押ししたのは周知の通りだろう。

鈴木氏らへの捜査が「国策」と評されるに至ったのは、沸騰する世論に背を押された特捜検察が「はじめに逮捕ありき」で突っ走ったことに加え、変容しつつある日本社会のエポックな分岐点に事件が存したからにほかならない。鈴木氏を招いてのワークショップでは、検察捜査やメディア報道の問題点をあらためて振り返るとともに、「国策」と評された捜査の背景にある政治力学や社会変容の意味なども話し合われた。

1

「私自身、不徳といえば不徳なところもありました。ただ、私の事件をめぐっては、まず当時の世論状況があった。検察や外務省のリークによってつくり上げられたものです。田中眞紀子は善玉で鈴木は悪玉。辻元清美はジャンヌ・ダルクで鈴木は悪代官だという一方的な世論。小泉政権になってからの劇場型、ワイドショー型政治（の影響）もあった。『なぜ鈴木を捕まえないのか』、『早く鈴木を捕まえろ』……。そうした世論の中で、検察は自分たちのつくったシナリオ、ストーリーに合わせて調書をつくっていった。検察リークなどでひとたび世論がつくられたら、こちらは抵抗のしようがない。（検察が）国策捜査をやろうと思えば、どんな人でもしょっぴけてしまうんです」

ワークショップの冒頭、鈴木氏は約一時間にわたって自らの逮捕の不当性と、検察や裁判への強い批判を口にした。

私自身は、鈴木氏に科せられた起訴事実自体の真贋《しんがん》を軽々に断定するのを避けたいと思う。ただ、東京地検特捜部で副部長などを務めた経験のある弁護士・永野義一氏は、事件の概略を鈴木氏の口からあらためて聞いた直後、「ビックリしたんですけれど……」と言って口を開き、「鈴木さんの贈収賄というのは領収書があるんですか」と首をかしげた。

実を言うと特捜部が鈴木氏に科した起訴事実のうち、北海道の製材会社「やまりん」に絡んだ斡旋収賄事件に関しては、鈴木氏側は同社から受け取ったとされるカネを政治献金として正式処理し、領収書も出していた。だが、検察はこれを賄賂と断定している。

鈴木氏は「やまりん」からのカネについて「官房副長官になったお祝いであり、絶対に賄賂などではない。領収書を切って逮捕されたのは、(私が)初めてなんです。賄賂ならば領収書なんか出さないし、政治資金収支報告書にも載せないでしょう」と訴え、永野氏はこう指摘した。

「一般的に、領収書を切っていれば賄賂性の認識がないとみられるんだが……。私も(ある法律書に寄せた論文で)賄賂のカネに領収書を出すことなどない、と書いてしまったほどですから」

こうした起訴事実それ自体への疑問点も数々ある。だが、鈴木氏の事件をめぐって最も腑《ふ》に落ちないのは、どう考えても事件が〝本筋〟から離れたところでつくられたのではないか、との疑念である。

当時のメディア報道などをあらためて思い起こしてみれば、鈴木氏に対する特捜部の捜査の最大焦点とされたのは、鈴木氏が陰に陽に影響を行使していたとされた外務省との不透明な関係であり、中でも北方四島支援事業をめぐる疑惑の数々ではなかったか。

たとえば国後島《くなしり》の「友好の家」、いわゆる「ムネオハウス」の建設に絡んだ同省への働きかけや、国後島ディーゼル発電施設を受注した三井物産絡みの疑惑などをメディアは連日のように書き立てて追及し、国会の証人喚問でもこれらが主要なテーマとなり、鈴木氏弾劾の世論は沸騰の度を高めていった。

ところが、結局のところ特捜部が鈴木氏に科したのは、世を騒がせた疑惑の数々とはまったく無関係な地元業者からの収賄容疑だった。

鈴木氏が言う。

「あの当時、三井物産などに絡んだ疑惑で捕まるというのが検察リークを受けたメディアの流れだった。はっきり言って検察は、三井物産やODAなどの『大きな事件』で私をやりたかったが、結局そんなものはなく、(捜査は)重箱の隅をつくような話になってしまったんです。検察は何とか（捜査の）突破口をつくり出そうとして相当無理をした。突破口をつくれば次から次に（別の容疑事実を）出せると思ったのではないでしょうか」

2

しかし、「わかりやすい悪役」と化した鈴木氏への世間のバッシングはとどまるところを知らなかった。また、ワンフレーズ・ポリティクスに象徴される劇場型の小泉政治の下、メディアは対立軸を単純化し、鈴木氏に対する一方的批判に邁進《まいしん》していく。そうしたムードに煽《あお》られ、検察が「まず逮捕ありき」で捜査に突き進んだのは間違いない。加えて、小泉内閣が推し進めた「構造改革」路線の中、野中広務《ひろむ》氏らとともに鈴木氏が「抵抗勢力」の代表格とされたことも捜査に作用を及ぼしただろう。

「当時、抵抗勢力の一番手は野中広務、二番手は鈴木宗男、三番手は古賀誠などと言われていた。（事件は）いわば政治権力闘争の一つでもあったんです」（鈴木氏）

事件によって、生粋の叩き上げ政治家ともいうべき鈴木氏は「抵抗勢力」のレッテルを貼られて排除され、鈴木氏の親分格だった野中広務氏もすでに引退して政治の表舞台から姿を消した。

一方でポスト小泉に名乗りを上げて政界の中枢を闊歩《かっぽ》するのは世襲政治家の面々ばかりであり、小泉政権の継承者となったのは、現代日本における世襲政治家の究極形とも言うべき安倍晋三氏だった。安倍氏は無惨な形で政権を放り出す醜態を演じたが、前任の小泉氏にしても、安倍氏の後を継いだ福田康夫氏にしても、叩き上げとは無縁の世襲政治家であることには違いない。

そんな為政者の下で日本社会は今、「格差」が拡大し、浅薄なナショナリズムが跋扈《ばっこ》している。分かりやすい〝悪役〟を見つけ出し、徹底したバッシングを加えて溜飲《りゅういん》を下げるような風潮も蔓延《まんえん》している。鈴木氏とともに捜査の血祭りに上げられて逮捕・起訴された佐藤優氏の言葉を借りるならば、こんな風に評することができるのだろうか。

「内政におけるケインズ型公平配分路線からハイエク型傾斜配分路線への転換、外交における地政学的国際協調主義から排外主義的ナショナリズムへの転換という二つの線で『時代のけじめ』をつける必要があり、その線が交錯するところに鈴木宗男氏がいた」

鈴木氏自身もこう言う。

「私の時は一つの流れが間違いなくあった。小泉首相が『改革』という流れをつくり、これに抵抗する鈴木を捕まえるのは国益だ、という思いが検察にはあったと思う」

こうした世論の圧力や政治の力学が背後に横たわり、「はじめに逮捕ありき」で進められた捜査だったからこそ、取り調べ検事の口から「国策」という台詞《せりふ》が漏れたのではなかったか。

今度は永野氏の話。

「私が若手検事のころ、上司からは『検事が政策の片棒を担ぐなんて思い上がりも甚だしい』と言われたものです。犯罪があったら何事も恐れず（捜査に）進むべきだが、『国策捜査』なんて（検事が口にするのは）思い上がりなんです」

3

もう一つ、鈴木氏への捜査をめぐって想起しなくてはならないのは、元大阪高検公安部長・三井環氏に襲いかかった事件との「連関性」である。

前章で紹介した通り、検察裏ガネ問題の実名告発に踏み切ろうと決心していた三井氏が逮捕されたのは二〇〇二年四月二二日のことだった。一方、東京地検特捜部が鈴木氏の秘書らを偽計業務妨害容疑で逮捕したのは直後の四月三〇日。これを機にメディアや世論の関心は鈴木氏逮捕に向けた検察の動きへと集中していった。

実は当時から、裏ガネ問題に関する批判をかわすために検察が鈴木氏の秘書らの逮捕を急いだのではないか、という見方は根強かった。たとえば、検察捜査に詳しい元『産経新聞』社会部記者の宮本雅史氏は著書『歪んだ正義　特捜検察の語られざる真相』（情報センター出版局）の中で、このころに検察有力幹部がこう言い放ったと記している。

〈あんまり三井事件で検察庁を叩くと、鈴木宗男事件の捜査情報が入りませんよ。わかっていますね〉

事実とすればあまりに露骨な恫喝《どうかつ》というほかはないが、大手メディアに属する記者たちにとっては実に効果的な脅し文句だったろう。鈴木氏もワークショップでこの一文にふれ、「（検察は）自分たちを守るために世論操作しているな、という感じは受けた」と思い返す。

もちろん真相は不明である。ただ、鈴木氏の事件でもやはり、検察捜査に向き合うメディアの立ち位置と、当局リークに踊る報道姿勢の問題点は数々浮かび上がる。

「捕まってみて初めてわかりましたが、検察は独自の手足がないからメディアを使う。検察のリークはしたたかですよ。メディアは真実を書くべきだと思うけれど、当局のリークなら裏を取らずに書きまくる。検察のリークなんて裏の取りようもないし、検察や外務省などの当局が（情報を）流せばたいていの人は『正しい』と認識する。裏付けの取れないような話でも事件がつくられていってしまうのは怖い」（鈴木氏）

ワークショップに多数の大手メディア記者が参加していたためか、鈴木氏は「メディアのみなさんも『反権力』という気持ちを持ちながらも、知らず知らずのうちに権力に使われているのではないでしょうか」と言葉を継いだが、鈴木氏の指摘は少なからぬ部分で的を射ているように思える。

いうまでもなく、事件報道を異様に重視する現在の日本メディアにとって、検察や警察といった捜査機関は最大の情報源の一つである。必然的に、検察や警察幹部に深く食い込んでネタを取ってくる記者が「優秀な記者」として重宝され、社内では出世の階段を上っていく。逆に検察や警察の暗部を嗅《か》ぎ回ってばかりいる記者は煙たがられてしまうケースが多い。

また、検察や警察などの当局から発せられた情報は、よほどのことがなければ裏を取らずに書き飛ばす、というのも概ね事実に近い。恥を忍んで告白すれば、大手メディアの片隅で長く禄《ろく》を食《は》んだ私自身がそうだったし、捜査当局の情報に大きく依拠する事件報道の悪弊は近年もまったく変わっていない。

作家の宮崎学氏もワークショップの中でこう断罪した。

「司法の問題点をめぐっては、検察と裁判所がもたれあっているのではないかと言われるけれど、実はメディアももたれあっているのが現実じゃないのだろうか」

4

さて、鈴木氏をめぐる事件の捜査や裁判の問題点はほかにも多々ある。そのうちの一つがやはり、「人質司法」が孕《はら》む悪弊である。

警察や検察に逮捕され、容疑を認めないと延々と保釈を受けられないことは前述した。鈴木氏の場合、逮捕以来の勾留《こうりゅう》日数は実に四三七日に達している。汚職に問われた国会議員としては過去最長という異例の長期勾留だった。

こうした風潮はゼネコン汚職事件から強まったものといわれ、かつて田中角栄氏や金丸信氏が逮捕されたケースなどでは、起訴後まもない時期に保釈されている。田中氏の場合、被疑事実を全面否認していたにもかかわらず、である。

「私は、弁護士から『まあ一五〇日も入ったら出られるでしょう』と言われていた。一回目の公判になったら出られると。しかしダメなんです。(保釈請求に対する)却下の理由がふるっている。逃亡の恐れあり、罪証隠滅の恐れあり。この顔が逃げられるかって言うんですよ」

そう言って笑いを誘う鈴木氏の批判の矛先は、検察の主張に追随して保釈請求を却下し続けた裁判所のあり方にまで広がった。

「私、国会議員ですから、海外に行くにしても国会の承認が必要です。それで逃亡の恐れが果たしてあるのか。立場から言っても逃げることなんてできはしない。検察（の言い分）に乗ってばかりいる裁判所が非常におかしい。裁判官も官僚化してしまっているのではないでしょうか。こうした状況では、取り調べで（容疑事実を）認めれば保釈されるなら、『早く認めた方がいい』と考えて多くの人は妥協してしまう。そもそも密室での取り調べで、気の弱い人はだいたい参ってしまいますよ。調べの『可視化』を推し進め、弁護士を立ち会わせるなど、もっとオープンにする必要がある」

司法への不信を強く口にする鈴木氏だが、一方で「検事の数を増やすべきだと思う」とも話す。

「私を取り調べる時でも（検事は）週刊誌を山のように積み上げ、『この疑惑はどうなんだ』、『この話は本当か』なんて聞いてくる（笑）。その程度なんです。だから（検事の）数を増やし、十分に自分たちで情報を取れるようにすればいい」

やはりKSD事件で逮捕され、今も無罪を訴えている元参院議員の村上正邦氏もこう語った。

「社会正義を担うという検察官の使命は重い。村上や鈴木に言われたくないと思われるかもしれないが、政治家が権力を使って邪《よこしま》なことをすれば遠慮なくメスを入れればいい。ただ、事件をねじ曲げてつくってはいかん。また、検察に行き過ぎがあれば、裁判できちんとした判決を下す勇気を裁判官が持たねばならないんじゃないでしょうか」

まったくの正論だと私も思う。

5

激しいバッシングを浴び、一時は議員バッジを失うことになった鈴木氏だが、再び衆院議員に返り咲き、「新党大地」の代表として旺盛《おうせい》な政治活動を繰り広げている。そんな鈴木氏は今後、国政の場で司法のあり方についても積極的に発言していきたい、という。

「(未決で) 勾留されている人は推定無罪。こうした人々の人権面などで日本は十分ではない。東京拘置所には死刑囚もいたが、死刑囚にも家族がいれば兄弟もいる。人間としてのきちんとした配慮があるべきだ」

事件をめぐって秘書や支援者らが病に倒れ、自身が長期の勾留直後に胃癌を患ったことも鈴木氏の政治姿勢に影響を与えたのだろうか。かつて政界を代表する〝強面《こわもて》〟でならした鈴木氏がワークショップの中で発したこんなひと言が、私の耳に残った。

「私個人はこうして喋《しゃべ》る機会がある。また、国政に復帰することができたので、何かにつけて発言する機会もある。だが、一般の市民はその機会すらない。そういった人々のため、今後は真の人権とは何なのかについて、できる限り発信していきたいと思っています」

★文庫版追記

一貫して無罪を訴えて最高裁に上告していた鈴木氏は、冤罪《えんざい》の疑いが極めて濃い元プロボクサー・袴田巖死刑囚の救援活動に従事するなど、衆院議員として人権問題にも旺盛に取り組んでいた。しかし、二〇一〇年九月に最高裁が上告を棄却して懲役二年の実刑が確定、二〇一一年一二月まで服役生活を強いられた。公職選挙法は、収賄などで禁固以上の刑を受けた者については刑期満了から五年間は被選挙権を停止すると定めており、鈴木氏は議員バッジを失ったままだが、現在も「新党大地」の代表として政治活動を続けている。

第4章　村岡兼造

巨大な闇に蓋をした
日歯連事件捜査の不公正（1）

むらおか・かねぞう　一九三一年生まれ。秋田県出身。慶応大学経済学部卒業後、秋田県議二期を経て一九七二年の衆院選で初当選。以後、連続九期にわたって衆院議員を務める。この間、宇野内閣の郵政相（一九八九年）、海部内閣の運輸相（一九九〇〜九一年）、さらに自民党の国会対策委員長を経て、橋本改造内閣では内閣官房長官（一九九七〜九八年）などを歴任した。その後も自民党総務会長などを務めたが、二〇〇三年の衆院選で落選し、現在は政界を引退している。

【日歯連事件と村岡裁判の経過】

日本歯科医師会（日歯）の政治団体であり、豊富な資金力をバックに永田町への影響力を誇った日本歯科医師連盟（日歯連）から自民党・旧橋本派へと流れ込んだ一億円のヤミ献金問題は、今も多くのナゾが未解明のまま残されている。

故・橋本龍太郎元首相、青木幹雄氏、野中広務氏ら同派幹部が参院選直前の二〇〇一年七月、日歯連の臼田貞夫元会長らと料亭で面会。この場で額面一億円の小切手を受け取ったにもかかわらず、旧橋下派の政治団体「平成研究会」は〇一年分の政治資金収支報告書に献金の事実を記載せず、裏ガネ処理を図った（後に修正）――というのが事件の基本構図だった。

事実を把握した東京地検特捜部は、二〇〇四年八月に「平成研」の元事務局長を逮捕・起訴。同派幹部会で村岡兼造・元官房長官が献金の裏ガネ化を取りまとめたとする元事務局長の証言を根拠とし、間もなく村岡氏を政治資金規正法違反（政治資金報告書不記載）で在宅起訴した。

一方、村岡氏は事件関与を完全否定し、無罪を主張。一審・東京地裁は二〇〇六年三月、元事務局長の証言について「信用できない」と断じて村岡氏に無罪判決を下したが、二〇〇七年五月の二審・東京高裁判決は一転して執行猶予つきの有罪を言い渡した。村岡氏は「まったく承服できない」として上告した。

政治や世論に背を押された検察が、狙い定めたターゲットを塀の内側へと叩《たた》き落とすために「はじめに筋書きありき」の姿勢で突き進むかの如き捜査の一形態を「国策捜査」と呼ぶとするならば、村岡兼造・元官房長官が政治資金規正法違反に問われた日歯連（日本歯科医師連盟）事件を何と評したらいいだろうか。本来暴かれるべき巨大な不正の痕跡《こんせき》には蓋《ふた》をし、引退した老政治家にすべての罪を押しつけるかのような捜査からは、政治と検察との間にどんよりと沈殿する腐臭すら漂ってくる。

事件の経過と概略は七一ページに別記したが、どう考えても日歯連事件をめぐる検察捜査は不透明で、不公正で、不十分だった。

これまでに判明している事実に即して整理すれば、日歯連から自民党・旧橋本派に一億円もの怪しげな巨額ヤミ献金が流れ込んだのは二〇〇一年七月。この事件をめぐる検察捜査の問題点は、大きく二点に集約される。

まず、日歯連幹部との一億円授受の現場には派閥の領袖《りょうしゅう》である故・橋本龍太郎元首相のほか、青木幹雄氏（元自民党参院議員会長、現在は政界引退）や野中広務氏（元自治相、元官房長官、同前）という錚々《そうそう》たる同派幹部が顔を揃えていたにもかかわらず、ここに同席すらしていなかった村岡氏のみが起訴されて終結した捜査の不公正である。

また、自民党にとって最大のタニマチだった日歯連が巨額献金を旧橋本派に渡した狙いがどこにあったのか、という根源的疑問も残されている。当時、日歯連は診療報酬改定などの懸案を抱え、旧橋本派をはじめ多くの自民党政治家にカネをバラまいていた。ならば、これらのカネは賄賂《わいろ》にあたるのではなかったか――。

だが、検察はこうした問いに答えを示すことなく、落選して政界引退していた村岡氏のみを形式犯ともいえる政治資金規正法違反罪で血祭りに上げ、捜査の幕を下ろしてしまったのである。これほど不公正で不透明な点ばかりが目立つ捜査について、東京地裁の一審判決が二〇〇六年三月、村岡氏に無罪を言い渡したのは当然だったろう。

この判決公判では、東京地裁の川口政明裁判長が村岡氏に向かって、

「長い間、お疲れさまでした。これからどうなるかわかりませんが、せめて今晩くらいは平穏な気持ちで桜を楽しまれたらいかがでしょうか」

と語りかけ、村岡氏が大粒のうれし涙を流して顔をくしゃくしゃにするシーンもみられた。

ところが、二〇〇七年五月一〇日の二審・東京高裁判決は一審判決を破棄し、村岡氏に禁固一〇月・執行猶予三年という有罪を言い渡したのである。二審判決後の会見で今度は村岡氏が唇を震わせ、顔を真っ赤にしながらこう訴えている。

「驚き、怒りを感じる」「最初から有罪ありきだ。これは裁判じゃない」「裁判の不当、

検察の横暴と闘う」

事件の真相はいったいどこにあるのか。また、検察捜査は何故、これほど不公正な形で終結したのか。村岡氏の訴えにあらためて耳を傾けてみよう。

1

「一審では完全無罪を勝ち取りましたが、控訴審は実質たった数時間の審理で有罪です。ほとんど調べもせず、検察の起訴に追随するだけの判決を聞いて耳を疑いました。私は天地神明に誓って無実です。こんな裁判があっていいんですか。これではまさに〝暗黒の裁判〟じゃないですか」

村岡氏をゲストに招いてのワークショップが開催されたのは二〇〇七年五月二五日のことだった。この時点ですでに控訴審判決から約半月が経過していたものの、村岡氏の怒りと不満は収まる気配がないようだった。それでも村岡氏は時折ユーモアを交え、出身地である秋田訛《なま》りの残る口調で訥々《とつとつ》と語りかけた。その様子に「腹芸の苦手な朴訥《ぼくとつ》とした政治家」（ワークショップに参加した大手紙の政治部記者）だったという人柄がにじむ。

村岡氏が政治資金規正法違反罪に問われた裁判で最大の焦点となったのは、旧橋本派の政治団体「平成研究会」で事務局長を務めていた瀧川俊行《たきがわとしゆき》氏（同法違反罪で有罪が確定）による証言の真偽だった。

瀧川氏は学生時代から故・小渕恵三元首相に仕え、小渕元首相の死後も平成研究会の会計を預かっていた。その瀧川氏が検察の調べに対し、日歯連から流れ込んだ一億円の巨額献金を旧橋本派が裏ガネ化した経緯について、「派閥幹部会で村岡氏が取りまとめた」と証言したのである。

これが村岡氏の裁判で検察側の最大の拠《よりどころ》となったが、一審は「不自然で信用できない」と断じ、村岡氏に無罪を言い渡した。しかし、二審はこの証言に「高い信用性がある」とまったく正反対の判断を下し、有罪の根拠としたのである。

村岡氏が言う。

「私、平成研の幹部であったことは間違いありません。しかし、一億円のことなど全然知らなかった。派閥の経理などは会長（故・橋本龍太郎氏）と事務総長、事務局長の三人でやっていた。私は幹部であったけれど、毎年提出する政治資金収支報告書など一回も見たことも、見せられたこともない。だいたい、幹部会などで『あのカネはどうした』、『このカネはどうする』なんて言えば、『何だあの村岡は。カネに汚いヤツだ』って言われてしまいますよ（苦笑）。そんなこと、誰も言わないんです」

派閥に入ってきた一億円ものカネの処理について、一応は当の派閥幹部には違いない村岡氏がまったく関知していなかったというのも随分と杜撰《ずさん》な話だとは思うが、私はその真偽を確認するだけの材料を持ち合わせてはいない。ただ間違いなく言えるのは、前記したようにこの事件の捜査が根本的な闇を解き明かさず、極めて不公正な形で幕を下ろしてしまった、という事実である。

これまで明らかになっている事件経過をあらためて淡々と記せば、日歯連からの一億円献金は次のような経緯を辿《たど》って自民党・旧橋本派へと流れ込んでいる。

2

二〇〇一年七月二日の夜、国会議事堂にほど近い東京・赤坂にある高級料亭「口悦」の一室。旧橋本派の領袖だった橋本龍太郎氏は同派重鎮の野中広務氏、青木幹雄氏とともに日歯連の臼田貞夫会長（当時）らと会い、額面一億円の小切手を手渡された。橋本氏は、受け取った小切手をスーツの内ポケットにしまい込み、これを「平成研」の事務局長だった瀧川氏が金庫に入れて間もなく現金化した。

しかし同派は、翌二〇〇二年三月に報告が義務づけられた〇一年分の政治資金収支報告書に一億円献金の事実を記載せず、裏ガネとして処理した。後に検察の捜査がはじまったことを受けて報告書は修正されることになるものの、同派は一億円ものカネを闇の中へ葬り去ろうと図り、その使途などは今もって不明な点が多い。

検察が日歯連などへの捜査からこうした事実を把握したのは、二〇〇四年に入ってからのことだった。そして同年八月に逮捕した瀧川氏の供述を拠とし、二〇〇二年三月一三日の同派幹部会で献金を裏ガネ処理することが決定されたと「断定」したのである。

この幹部会には野中氏、青木氏らのほか、「会長代理」だった村岡氏が出席していたが、橋本氏は当時、心臓の病で倒れて入院中だったため姿を見せなかった。一億円の闇献金化は、そうした幹部会で村岡氏が主導し、決定された――というのが検察側の描いた構図だった。

しかし、村岡氏は当時を思い返しながら繰り返し訴える。

「幹部会で一億の話など一切出ていないし、私は一億のことなどまったく知らなかった。（日歯連から）カネをもらった場所にもいないし、使ってもいない。会長代理って言ったって、『平成研』の規約にもない便宜上の呼び名です。ちょっと年がいっているから会長代理にしておこうという話で、（政治資金に関する）帳簿を見せてもらったことなど何年もなかった」

ところが検察は、最終的に政治資金規正法違反（不記載）で村岡氏のみを在宅起訴し、橋本氏はもちろんのこと、青木氏や野中氏の起訴も見送られたのである。村岡氏は、「入り口で（カネを）受け取った人は何も問われず、（献金への）領収書を出さないということだけで私のところに罪がきたんですよ」と憤りを隠さないが、以上のような事実経過から浮かび上がる問題点は明らかだろう。

カネの「入り」に立ち会った面々が一切の罪に問われなかったのは何故か。いや、それ以前に、同派に流れ込んだ一億円というカネの「背景」と「意味」は何であったのか——。

捜査はこうした事件の核心部分に一切ふれることがないまま、村岡氏一人に罪を押しつける形で終結してしまったのである。

3

村岡氏は日歯連から流れ込んだ一億円の「意味」を、随分と後になってから知ることになったという。

「平成研に一億円が入ったのは間違いない。これは、いわゆる和解金だったんです」

日歯連から旧橋本派に一億円が渡った二〇〇一年七月の料亭会合当時、日歯連会長の臼田氏と橋本氏は「犬猿の仲」（村岡氏）だった。日本歯科医師会（日歯）の会長選をめぐる橋本氏の言動に臼田氏が反発したことなどが原因だったというが、いうまでもなく日歯は自民党にとって最大のタニマチであり、一方の橋本氏は最大派閥の領《りょう》袖《しゅう》であると同時に「厚生族のドン」とも称される存在だった。

折しも同月末には参院選が予定され、日歯側は当時、自らに有利な診療報酬の改定などに向けた政官界への働きかけを強めていた。続けて村岡氏の話。

「橋本さんと臼田さんが犬猿の仲ではマズいということで、何とか仲直りすることを考えた。これが料亭『口悦』の会合であり、一億円のカネだった。ちょうど参院選も間近に迫っていましたから。ここからは推測になりますが、平成研（旧橋本派）は一〇〇人いたから、一人に一〇〇万円ずつで一億円。青木さんと野中さんは、いわば証人みたいな形で同席したという状況だったんじゃないかと思います」

自らの業界を有利にしたい政治的思惑を抱えた歯科医の団体から、「厚生族のドン」率いる自民党最大派閥へと渡った不透明な巨額献金——。だとすれば、一億円という「黒いカネ」の背景もうっすらと透け見えてくる。検察が本来行なうべきはその実態解明であり、果敢に捜査のメスを入れていくべき最大焦点だったろう。

ワークショップに参加していた東京地検特捜部の元副部長である永野義一弁護士もこう言う。

「この事件、一億円のカネはいったい何のためだったのか、そこがまさに捜査の核心でしょう。一億の献金があり、それを届け出なかった背後には何かあると考え、解明すべきです。政治献金を政治資金収支報告書に載せなかったというのは、我々に言わせれば形式犯に過ぎない。それだけで（捜査が）終わるなんて考えられない」

自民党で参院議員会長などを歴任し、自身もかつて派閥（志帥会）の会長を務めた経験のある村上正邦氏ですらこう言い切った。

「（料亭での会合は）臼田さんと橋本さんが手打ちをする会だった。そこに一億のカネを持っていった。歯科医師会は利益団体だ。その上、診療報酬の改定問題を抱えていたとするなら、これは汚職じゃないですか。本来なら検察がメスを入れる、ということにならざるを得ないんじゃないか」

いずれも当然の指摘だと私も思う。だが、検察には橋本氏や青木氏、あるいは野中氏に関して積極捜査を行なう意思がまったく見られなかった、と村岡氏は振り返る。いったい何故か。

真相は不明だが、いくつかの推測は成り立つ。いうまでもなく橋本氏や青木氏、野中氏らは当時、政権与党の中枢を担う重鎮だった。一方の村岡氏は二〇〇三年の総選挙で落選し、この頃すでに政界を引退していた。

再び村岡氏の話。

「私は落選していたし、検察としては瀧川一人（を立件するだけ）では世間も納得しない。そこで無理矢理に私が槍玉《やりだま》に挙げられたということでしょう。（罪を）押しつけられたんだと思っています」

ワークショップに参加した元議員の面々も、かつて所属した政党の与野や派閥を問わずこの見方で一致しているようだ。自民党元衆院議員の中村正三郎《なかむらしょうざぶろう》氏は、「この事件は村岡さんに押しつけるのが一番簡単だと、そういう風に（検察が）持っていったんでしょう」と語り、村上氏は次のように指摘した。

「授受の現場におらず、カネが入ってきたことを知らず、カネの性格も知らなった人間に処理の判断などできるわけがない。村岡さんにターゲットを絞ってやるという検察のシナリオが当初からあったのか、あるいは『村岡は（議員）バッジも付けていないし、落としどころはここだけだ』という暗黙の了解が政治と検察との間にあったのか、そのどちらかでしょう」

4

捜査の不透明な決着を眺め見れば、村上氏らの語るように政治と検察の間に横たわる不透明な「力学」が事件の真相解明を歪《ゆが》めた可能性も捨てきれない。民主党などで参院議員を長く務めた平野貞夫《ひらのさだお》氏は、自民党に対する法務当局の「借り」が捜査に作用を与えたのではないかと推測し、こう語った。

「政治と法務省との間での貸し借りというのが、この一〇年ぐらいもの凄《すご》く強いんです。事件で名の挙がった『平成研』幹部の中にも、たとえば行政改革で削られる可能性があった法務省の部局を残すのに尽力し、法務省側に貸しをつくった人がいました」

法務・検察といえども、行政機関の一翼を担っている以上、さまざまな局面で政治の顔色をうかがう。検察の一部幹部が有力政界人と近しい関係を築き上げ、陰に陽に事件捜査へと影響を及ぼしている、との見方も常に囁《ささや》かれてきた。法相経験のある中村正三郎氏も、「この事件に関してどうだったかはわからないが、残念ながら（法務・検察の幹部に）そういう人がいるのは事実です」と打ち明ける。

繰り返しになるが、こうした「力学」が日歯連事件の捜査にどのような作用を及ぼしたのかは推測の域を出ない。ただ、日歯連事件に関する検察捜査はあまりに不公正で、不透明で、不十分だった――そう感じているのは村岡氏やワークショップ参加者ばかりではない。

たとえば東京第二検察審査会は二〇〇五年一月、橋本龍太郎、青木幹雄、野中広務の三氏を起訴しなかった検察の判断について「不起訴不当」を議決し、再捜査を迫っている。検察官の起訴権限に民意を反映させることを目的とした検察審査会の議決は、この当時は法的拘束力がなく、検察は形だけの再捜査を行なっただけで判断を覆すことはなかったが、これは不透明かつ不十分な検察捜査への強烈な問題提起だった。

　また、村岡氏を起訴する唯一最大の根拠となった瀧川証言についても疑問は多い。村岡氏自身は、瀧川氏が検察に何らかの弱みを握られて虚偽供述に追い込まれた可能性があると指摘したのだが、村岡氏を無罪とした一審・東京地裁判決も瀧川証言の信用性に関してこう言及している。

〈橋本氏ら（派閥の）幹部や自民党全体に累が及ばぬよう虚偽証言をした可能性がある〉

　こればかりではない。村岡氏に逆転有罪を下した東京高裁でさえ、判決文の中で〈ほかの派閥幹部も起訴する処理も考えられた〉と述べ、検察捜査にやんわりと注文をつけているのである。さらに、一億円の裏ガネ化を決定したとされる幹部会にしても、村岡氏の弁護側の指摘によって会合時間がわずか十分ほどに過ぎなかったことが公判廷で初めて明らかになるなど、検察捜査の杜撰《ずさん》さが目立つ。

　こうして浮かび上がってくるパズルのピースを組み合わせていけば、潔白を訴え続ける村岡氏が不公正な捜査に終止符を打つための生け贄《にえ》だったのではないかとの見方は説得力を増す。

　ワークショップの最後に元衆議院議員で弁護士の白川勝彦氏が次のように訴え、続けて元参議院議員の筆坂秀世《ふでさかひでよ》氏が村岡氏に語りかけた。

「裁判の判決について軽々なことを言うべきではないが、今回の裁判は一審と二審でまったく逆の判断が示された。これはつまり、検察が『合理的疑いを容《い》れない程度』に事件を立証できていないということにほかならない。最近の検察は捜査にデタラメが目立つが、捜査能力も相当に低下しているのではないか。裁判所も（捜査を）きちんと見ず、検察官とつるんでいるように見えてくる」（白川氏）

「これは誰が見たっておかしな捜査であり、村岡さんは冤罪《えんざい》だ。これからの裁判で無罪を勝ち取るために頑張るのだろうが、やはりこの事件の真相をもっと抉《えぐ》り出していく必要があると思う。政治的に、社会的に、もっと事実を告発していかれたらどうだろうか」（筆坂氏）

これを聞きながら村岡氏は何度か頷《うなず》いた。しかし、橋本氏は二〇〇六年七月に世を去り、野中氏も青木氏も政界を引退した。政界地図は当時と大きく変容し、事件が過去のものになりつつあることも否めない。

とはいえ、時に暴走気味の捜査に突き進みながら、一方で切り込むべき疑惑にメスを入れるのをためらうかのような検察の病理は、日歯連事件から如実に浮かび上がってくる。こうした病理を抉る作業は本来、メディアに課せられた役割でもある。

第5章　上杉光弘

巨大な闇に蓋をした
日歯連事件捜査の不公正（2）

うえすぎ・みつひろ　一九四二年生まれ。宮崎県出身。東京農業大学社会通信教育部農業科を修了し、一九七一年から宮崎県議を二期務めた後、一九八六年に参院議員に初当選した。以後は三期・一八年にわたって参院議員。この間、第二次海部内閣で大蔵政務次官、第二次橋本改造内閣で自治相・国家公安委員長（一九九七〜九八年）、小渕内閣では内閣官房副長官などを歴任した。二〇〇四年七月の参院選で落選。二〇〇五年九月の衆院選にも自民党公認で出馬するが、落選している。

【日歯連事件と上杉光弘氏】

日歯連から旧橋本派に一億円のヤミ献金が流れ込んだ二〇〇一年七月当時、上杉光弘氏は自民党の参院議員会長として同派の派閥幹部会に出席する立場にあった。

東京地検特捜部が村岡兼造氏を政治資金規正法違反で起訴する根拠とした同派元事務局長・瀧川俊行氏（有罪確定）の証言によると、一億円献金の裏ガネ化が決定されたのは二〇〇二年三月一三日の同派幹部会。瀧川証言によって検察が描き出した幹部会の様子は次のようなものだったとされている。

派閥領袖《りょうしゅう》の故・橋本龍太郎元首相は入院中だったため出席しなかったものの、幹部会には村岡氏、青木幹雄氏、野中広務氏、上杉光弘氏、そして瀧川氏が顔を揃え、一億円の処理方法について村岡氏が「どうしたもんですかね」と口火を切ると、上杉氏が「（参院）選挙の年だからのう」、「目立つわなあ」と応じ、最終的に村岡氏が取りまとめて裏ガネ化を決めた――。

しかし、こうした事件の構図を村岡氏、上杉氏とも真っ向から否定した。上杉氏は村岡氏の公判にも証人として出廷し、「幹部会でそのようなやり取りは一切なかった」と証言している。

日歯連から自民党最大派閥へと流れ込んだ一億円献金の闇――。起訴された元官房長官・村岡兼造氏は一貫して無罪を訴え続け、事件をめぐる捜査は不公正と不十分な点ばかりが目につくと前章で記した。

そこで「日本の司法を考える会」ワークショップは、日歯連事件の深淵《しんえん》をさらに掘り下げてみることとし、村岡兼造氏に続くゲストとして自民党前参議院議員の上杉光弘氏を招いた。

自治相などを務めた上杉氏も当時、旧橋本派の参院議員会長として派閥幹部会に出席する立場にあった。また、同派幹部として、何よりも派閥内部の「力学」を知悉《ちしつ》していた人物の一人でもある。

結果として上杉氏は他の派閥幹部と同様に起訴を免れることになったものの、検察は上杉氏も一億円献金を裏ガネ化するに至る原因の一端をつくったとみなしている。しかし、上杉氏は村岡氏と同じく検察側の主張を完全否定し、村岡氏の裁判にも証人として出廷、検察の描く構図に強く異を唱えてきた。

そんな上杉氏の話に耳を傾けながら、日歯連事件の真相へとさらに深く分け入っていこう。

1

「私にしても村岡さんにしても、カネの受け渡しがいつあったのかも知らなかったし、料亭で（日歯連会長の臼田貞夫氏と橋本氏ら派閥幹部が）会ったことも知らなかった。そもそも（両者が）何のために会ったのかも知らず、一億円献金の事実関係については新聞報道で初めて知ったくらいなんです。それなのに濡《ぬ》れ衣《ぎぬ》を着せられて村岡さんだけが罪に問われたのは、あまりにおかしい。本当に村岡さんが気の毒だ」

冷静を装いつつも時に語気を強めてそう訴えた上杉氏は、村岡氏にかけられた嫌疑の不当性を何度も強調した。

前章で紹介したように、事件をめぐって村岡氏が起訴される最大の根拠となったのは、旧橋本派の政治団体「平成研究会」で会計責任者を務めていた瀧川俊行氏（政治資金規正法違反で有罪確定）の証言――いわゆる「瀧川証言」である。

参院選直前だった二〇〇一年七月、東京・赤坂の高級料亭「口悦」で日歯連幹部から橋本氏に渡された一億円について、瀧川氏は翌二〇〇二年三月一三日の派閥幹部会で裏ガネ処理することが決まったと供述した。この幹部会では上杉氏が「選挙の年だからのう」「目立つわなあ」などと語って裏ガネ化へと水を向け、最終的に村岡氏が裏ガネ化の取りまとめを行なった、とするのが「瀧川証言」の核心部分であり、検察による村岡氏立件の最大根拠となっていた。

だが、村岡氏は「まったくの事実無根」とこれを強く否定しており、上杉氏もワークショップの中で繰り返しこう語った。

「幹部会でそんなやりとりは断じてありません。だいたい幹部会のメンバーは先輩ばかりですよ。そういう人たちを前にして私は『選挙の年だからのう』、『目立つわなあ』なんていう失礼な物言いをしないし、だいたい私は宮崎の出身です。この言い回しは島根の訛《なま》りじゃないですか」

「選挙の年だからのう」、「目立つわなあ」という島根訛りの言い回し——。この意味するところについては後述するが、上杉氏は「瀧川証言」の信頼性に関して、自らが知る一つのエピソードを明らかにした。

一億円献金の事実が初めて表面化したのは二〇〇四年七月一五日。『読売新聞』のスクープによるものだったが、それから間もない時期、瀧川氏から上杉氏側にあてて突然一本の電話連絡があった、と上杉氏は言う。実際に電話を受けたのは上杉氏の秘書だったものの、この電話で瀧川氏はこう語ったという。

〈新聞に上杉先生の名前が出たのは、自分が喋《しゃべ》ったものではない。検察が記者にリークしたものだ。検察は今度の件で誰かを引っ張りたくて仕方ないようだ。（中略）自分としては幹部会の誰にも責任がいかないように、責任が分散するように（検察の取り調べで）言った。あの時の幹部会で上杉先生が言ったのではなかったかなぁ、という記憶だが、それ以上のことは（記憶に）ない。そうだったかなぁ……。誠に申し訳ない〉

瀧川氏から電話があった当時、落選中だった上杉氏は「献金の事実を新聞報道で知って驚いていたから、電話の直後に秘書に正確なメモを取らせた」と語る。これらの話が事実とすれば、検察側が村岡氏立件の最大の拠《よりどころ》とした「瀧川証言」はかなり曖《あい》昧《まい》なもの、あるいは真実性に相当な疑問の残るものだったことになる。

一方の瀧川氏は、「自供」に踏み切った理由について公判廷などの場で、「事件が起きるたびに秘書が犠牲になることが繰り返されていいのか」と検事から説得されたからだと強調しているのだが、ワークショップに参加していた元参議院議員の筆坂秀世氏はこう推測した。

「瀧川氏は検察の取り調べを受け、何らかの理由で新聞に出たような（検察側が描く通りの）調書を取られたんでしょう。しかし、それが出てしまったから、上杉さんのところにお詫《わ》びの電話を入れたのではないか」

これも真相は不明というしかない。瀧川氏がこうした供述に追い込まれた背景には、検察に何らかの弱みを突きつけられて事実と異なる供述を強要されたとの見方もあり、いずれにしても検察が相当に曖昧な証言をもとに事件の構図を描き出した疑いは強い。

2

ただ、もし「瀧川証言」がすべて事実だったとしても、現金授受の場にいた派閥幹部らが何の罪にも問われず、政界を引退していた村岡氏のみが起訴されたのは不公平に過ぎる。まして、一億円もの裏ガネの背後関係などに踏み込んでいかぬままに幕を下ろした捜査は、不公正と不十分の影がつきまとう。

上杉氏も憤りを隠さずに繰り返した。

「（瀧川証言は）完全な嘘だ。私が言い出したことを村岡さんが取りまとめたなんて、まったくなかったことを、あたかもあったかのようにつくり出している。あのころ村岡さんは（政界を引退して）議員バッジをつけておらず、私も落選してバッジをなくしていた。（派閥幹部のうち）ノーバッジの二人が濡れ衣を着せられたのは何故なのか。ありもしない幹部会の筋書きをつくったのはいったい誰なのか。問題は、誰が派閥を牛耳り、誰が瀧川氏と最も親密だったか、という点にある」

自ら派閥を率いた経験を持つ村上正邦氏も「派閥組織っていうのは、会長や会長代理といった職が名目に過ぎず、実際は別の人が〝運営〟することもある」と語る。

では当時、旧橋本派を実質的に牛耳っていたのは誰だったのか。上杉氏は「憶測でモノを言いたくない」と明言を避け続けたが、それが自民党参院議員会長として永田町に隠然たる権勢を誇り、「参院のドン」とも称されていた男――青木幹雄氏を指すのは容易に想像がついた。

当時の旧橋本派を牛耳っていた青木氏の権勢ぶりについては、上杉氏がこんなエピソードを明らかにした。ある時、同派幹部が顔を揃えた会合の席で、派閥会長の橋本氏が青木氏に向かってこんな台詞《せりふ》を漏らしたことがあったという。

「青木さんは何でも一人でお決めになるのが得意だから……」

これに対して青木氏は「そんなことはないですよ」と笑っていたというが、派閥領袖《りようしゆう》の愚痴まじりとも思える言葉が青木氏の権勢の一端を物語る。前記した「島根訛りの言い回し」で裏ガネ化の意向を示したのも、青木氏の地元が島根県であることを考えれば、瀧川氏に何らかの指示を下したのは青木氏ではなかったか、との推測を可能にする。

もちろん、すべては推測に過ぎない。仮に青木氏が筋書きをつくったのだとしても、検察が中途半端な形で捜査を終結させた経緯や背景も不明である。しかし、一億円もの裏献金の背後に日歯連と旧橋本派の不透明な関係が横たわっているのは間違いなく、不公正な検察捜査に強い疑念を感じるのは私だけではあるまい。

上杉氏を囲んでのワークショップには鈴木宗男氏も顔を見せていた。いうまでもなく鈴木氏は当時、旧橋本派の有力政治家として派閥内の力学にも精通していた。問題となっている料亭での一億円授受の当日、青木氏と直前まで会食していたという鈴木氏は、日歯連からのカネの趣旨についてこう振り返った。

「私は竹下（登）先生の意向で青木さん、松岡利勝さん（二〇〇七年に自殺）と定期的に会合を持っており、（一億円授受のあった）七月二日の夜も三人で集まって別の料亭で食事をしていた。しかし、途中で青木さんが『橋本会長を待たせているので』と言って中座し、料亭『口悦』に向かった。あのころ、橋本会長と日歯連は犬猿の仲だったから、両者による〝手打ちの会〟だと受け止めました」

一億円の授受が橋下氏と日歯連会長の〝手打ち〟のためだったという話は村岡氏の主張とも一致するが、一方で鈴木氏は、事件に対して少々異なる見立てを持っている。

「日歯連をめぐっては、他にも職務権限に絡むカネが政界に流れていた。ただ、あの一億円は小切手で渡されているでしょう。小切手というのは足がつくから、領収書を切るのが当たり前なんです。（政治資金収支報告書に記載しなかったのは）単なる事務的なミスだったんじゃないでしょうか」（鈴木氏）

しかし、一億円献金の当時、診療報酬の改定を間近に控えた日歯連が激しい政界工作を展開していたことは前章で記した。まして、カネを手渡された橋本氏は自民党最大派閥の領袖であるばかりか、「厚生族のドン」とも呼ばれた存在である。そんな経緯と背後事情を抱えた一億円もの献金を単なる「事務的ミス」で政治資金収支報告書に記載しなかったというのは、いかにも不自然に思える。

また、豊富な資金力を背景に盛んな政界工作を繰り広げた日歯連をめぐっては、鈴木氏も言うように、他の多くの政治家にも不透明なカネが流れたことがわかっている。東京地検特捜部が日歯連への捜査に乗り出した当時も、日歯連から献金を受けながら政治資金収支報告書に記載していなかった議員の存在が続々と発覚し、閣僚経験者を含む自民党の有力議員が相次いで政治資金収支報告書を訂正する騒ぎがありながら、こうした政治家に対しても検察捜査は及んでいない。

3

不十分な点ばかりが目につく日歯連事件の捜査だが、実を言えば、事件は自民党政治の根幹に関わりかねない問題をも孕《はら》んでいた、と鈴木氏は言う。

「この事件、実は『迂回《うかい》献金』の方が大問題だったんですよ。職務権限に絡みそうな日歯連からのカネ、みんな『迂回献金』ということで逃げてしまった。ところが、メディアなども徹底して追及しなかったでしょう」

この鈴木氏の指摘については、若干の説明が必要だろう。

政治資金規正法は、政党の資金を取り扱う団体を一つに限定し、総務相に届け出るよう定めている。自民党の場合は「国民政治協会」がそれにあたる。そして日歯連から自民党側へと流れ込んでいたカネを眺めると、回数、金額ともに最大だったのが「国民政治協会」に宛てた献金だった。ところが、このうちの相当額が自民党ではなく、特定の政治家向けの献金だった可能性が濃厚だったのである。

つまりこういうことだ。日歯連が特定の自民党政治家にカネを渡すにあたり、実際にカネを渡したい政治家を指定して「国民政治協会」に献金する。「国民政治協会」は献金を受け取って領収書を発行し、協会への献金として処理しながらも、最終的には指定された政治家にカネを流す——すなわち「迂回献金」である。

こうした手法をとるには、いくつかの理由がある。特定の団体が特定の政治家に直接カネを渡せば、個々の政治家の持つ職務権限との絡みで「賄賂性《わいろ》」を問われかねない。だが、仮に問題の生じる可能性のある献金だったとしても、いったん「国民政治協会」に献金し、そこをフィルターにして政治家個人へと還流させる方法をとれば、職務権限との連関性を消し去ることができる。

企業・団体側にしてみれば、特定の政治家への献金であっても政治資金収支報告書には「国民政治協会」への献金として記載され、カネを渡した政治家名を明らかにせずともすむ。政治家側も、特定の企業・団体からの献金であることを明らかにせずにすむ。政治家と企業・団体の双方にとってメリットのある献金システムだった。

「迂回献金」とはつまり、汚れたカネの「濾過装置《ろか》」であり、自民党政治を支える企業、団体との間で長らく培われてきた不透明な悪習だった。中でも日歯連は「国民政治協会」にとって最大のカネヅルだったのである。ワークショップに参加していた大手紙の司法担当記者も「日歯連事件で本当に解明されるべきは『迂回献金問題』だった」と語り、こう指摘した。

「日歯連事件を捜査する過程で、特捜部は『迂回献金』問題に踏み込んでいく重要な端緒を摑《つか》んでいました。実際、日歯連事件の公判でも、日歯連幹部が『迂回献金』の事実を認める証言をしたことがあった。ただ、『迂回献金』問題に踏み込んでいくと、検察は自民党全体を敵に回すことになってしまう。政官財が一体となって維持してきた巨大な集金システムに手をつけることについて検察幹部は当時、明らかに及び腰で、最後まで真相解明の捜査を尽くそうとしなかったんです」

一億円ヤミ献金問題で村岡氏だけを形式的に血祭りに上げて捜査の矛を収めた検察は、「迂回献金」という自民党政治の巨大な闇にも斬り込まないまま蓋《ふた》をしてしまったというのである。

上杉氏は「結局、日歯連事件は形式犯で処理され、政策的、政治的なところには一切ふれていない」と振り返り、元参議院議員の村上正邦氏はこう語った。

「日歯連事件は、いまだに真相が表に出ていない。本来ならば、司法はこれを徹底して解明するべきだった。どの角度から見ても捜査は生煮えで、闇は解明されていない。マスコミもこれを突っ込んで調べ、報じるべきだったんじゃないでしょうか」

4

この後、ワークショップの議論は村岡氏の公判に対する疑念や、自民党政治が抱える膿《うみ》にまで広がった。

すでに記したように、村岡氏の公判では、一審の東京地裁判決が「瀧川証言」の信用性に疑問を投げかけて無罪を言い渡したのに対し、逆転有罪を宣告した二審・東京高裁判決はわずかな審理時間で「瀧川証言」を信用できると断じた。まったく同じ証言について、一審と二審で正反対の評価を下したことになる。この両極端な判断に疑問を呈するワークショップ参加者の質問に対し、弁護士でもある衆議院議員の早川忠孝氏はこう指摘した。

「結局、供述調書というのは作文なんです。それを読んでいる限りは非常に辻褄《つじつま》が合うような隙のないものになる。キレイに書いた作文は、素直に頭に入ってくる。取り調べ経験のない裁判官は、どちらかというとキレイなものを信用しやすいし、書面で判断することの多い高裁（の裁判官）は捜査段階の調書を信用しやすい傾向があるのかもしれません」

裁判の抱える問題については今後もたびたび議論されることとなるが、村上正邦氏はワークショップの最後に、二〇〇七年に実施された参院選でも自民党が日歯連出身の職域候補者を公認したことを問題視し、自民党の現状への不満と批判を口にした。

「村岡さんの裁判は終わっておらず、謎の部分がたくさんある。こうした問題が残っているにもかかわらず、日歯連が参議院選挙に候補者を出しているのは道義に反する。また、一億もの闇ガネが問題化した日歯連の推薦候補を今も自民党が公認するというのも問題でしょう。政治とカネの問題が一向に解消されない中、自民党はこうした候補の公認を取り消すぐらいの判断をすべきではないんでしょうか」

もっともな指摘だろう。検察捜査の不公正さを照射した日歯連事件は同時に、カネと政治をめぐる自民党の腐敗と無反省ぶりも浮き彫りにしている。

★文庫版追記

日歯連事件をめぐってただ一人起訴された村岡兼造氏は、逆転有罪を言い渡した二審・東京高裁の判決を不服として上告していたものの、最高裁は二〇〇八年七月にこれを斥《しりぞ》け、禁固一〇月・執行猶予三年の有罪が確定してしまった。

終始一貫して「事実無根だ」と訴えていた村岡氏は、上告棄却の直後に会見した際、「最高裁の良心に一縷《いちる》の望みを持っていたが打ち砕かれた」、「検察のストーリーを追認しただけの暗黒裁判だ」と憤りを露《あらわ》にし、次のように言い残している。

「もう七十六歳の私がマスコミの前に出るのもこれが最後でしょう。ただ、日本の司法のおかしさは是正してほしい」

第6章　尾崎光郎

特捜部とつるんで事件を歪めたヤメ検弁護士

おざき・みつお　一九四五年生まれ。岡山県出身。早稲田大学教育学部を卒業後、一九七二年から自民党衆院議員の事務所に勤務。一九七七年からは自民党の鹿野道彦衆院議員（当時。後に民主党衆院議員）の秘書となり、農水大臣秘書官なども務める。一九九四年に同議員の秘書を辞すると、コンサルタント会社「業際都市開発研究所」を設立。建設業者らの依頼を受け、各地の自治体首長に公共工事の口利きビジネスを展開していたとして、二〇〇二年一月、東京地検特捜部によって逮捕された。

【業際研事件】

「業際都市開発研究所（業際研）」（本社・東京）は、鹿野道彦・元衆院議員の秘書を長く務めていた尾崎光郎氏が一九九四年に設立したコンサルタント会社だった。この会社を舞台とし、尾崎氏が大手建設業者らの依頼を受けて各地の自治体で公共工事受注の「口利き工作」を繰り広げ、自治体首長らに賄賂《わいろ》をバラまいた――とされるのが業際研事件である。

東京地検特捜部は、二〇〇二年一月に茨城県・湖北水道企業団の工事発注をめぐる競売入札妨害容疑で強制捜査に着手し、業際研の「業務日誌」などを元に捜査を展開。当時の木村芳城・茨城県石岡市長を二〇〇万円の加重収賄などで逮捕したのを皮切りに、山中博・同県下妻市長を約八三〇万円の加重収賄で、さらに円藤寿穂・徳島県知事を三〇〇万円の収賄でそれぞれ逮捕・起訴した。贈賄側の尾崎氏らを含めると、計一五人が起訴される大型汚職事件に発展している。

贈賄のほか脱税などの罪にも問われた尾崎氏は、一審で起訴事実を全面的に認めて情状酌量を求めたが、二〇〇三年三月に東京地裁が懲役二年六月の実刑判決を下すと控訴。東京高裁では起訴事実のほぼすべてを否認する姿勢に転じ、「検事が捜査段階で『執行猶予がつく』などと約束したので事実と異なる調書に署名してしまった」と訴えた。

しかし東京高裁は二〇〇四年四月、一審判決を支持して尾崎氏の控訴を棄却。尾崎氏は上告したが、同一一月には最高裁も上告を棄却し、実刑が確定している。

東京地検特捜部が二〇〇二年の初頭から捜査に乗り出した「業際研事件」は、現職の徳島県知事ら各地の自治体トップが収賄容疑などで次々逮捕される大型汚職事件に発展し、永田町や霞が関に巨大な衝撃と波紋を引き起こした。当時のメディア報道は、事件の舞台となったコンサルタント会社「業際都市開発研究所（業際研）」が大手建設会社などからの依頼を受け、賄賂をバラまきつつ公共工事受注を仲介する「口利きビジネス」を展開していたと激しく断罪したが、そんな事件も発生から時が経ち、世の記憶はすっかり風化してしまったように見える。

しかし、贈賄側の主役として逮捕・起訴された業際研社長・尾崎光郎氏は、実刑が確定して約二年の服役生活を終えた今もなお「検察の捜査はあまりに不当でデタラメだった」と訴え続けている。

詳しい事件経過は一〇三ページにも別記したが、尾崎氏は一審・東京地裁の公判までは起訴事実を全面的に認めていた。ところが一審で実刑判決を受けると、二審・東京高裁の公判から一転して起訴事実のほとんどを否認しはじめ、その後は検察と真っ向から対峙《たいじ》するに至った。

その理由について尾崎氏は、控訴審の公判廷などでこう主張している。

「執行猶予がつくなどと約束した検事の言葉に騙《だま》され、事実と異なる供述調書に署名させられた」

私自身、ここでも尾崎氏に科せられた罪の真贋《しんがん》を軽々に断ずるつもりはない。ただ、尾崎氏の言う「検事との約束」なるものに果たして実体はあったのか。また、尾崎氏は検察捜査のどこを「不当でデタラメ」と主張しているのか。その訴えに耳を傾けると、「ヤメ検」と称される弁護士と検察が二人三脚となってつくり上げた、歪《ゆが》んだ事件の輪郭が浮かび上がってくる。

1

まずは、ワークショップでの尾崎氏の話である。

「逮捕直後は被疑事実を否定して、検事に激しい罵詈《ばり》雑言を浴びせられました。『特捜は世直しのための捜査をやっているんだ！』、『特捜に逮捕されたら実刑か執行猶予を取るしか道はない！』って……」

二〇〇二年一月一五日に逮捕された尾崎氏は当初、突きつけられた容疑内容を必死に否認し、検事も一時は激しい調子での取り調べを繰り広げた。時に罵声《ばせい》を浴びせ、時に懐柔しながら「自白」を迫るのは検察捜査の一手法に過ぎないが、実のところ尾崎氏への取り調べの雰囲気は大枠で紳士的だった。弁護人にY氏が就いたためだ、と尾崎氏は振り返る。

Y氏は尾崎氏と古くから交流のあった検事出身の弁護士だった。いわゆる「ヤメ検」と称される検事上がりの弁護士の中でも、東京地検特捜部に長く在籍したY弁護士は、検察幹部にも太いパイプを持つ「大物」として知られている。

尾崎氏によれば、逮捕前は「こんなものは事件にならない」、「大したことはない」と断言していたY弁護士だったが、逮捕後に接見のため東京拘置所を訪れると一転してこう繰り返すようになったという。

「こんなところ（拘置所）にいても仕方ない」

「早く出よう。会社のことも、家族のことも心配でしょう」

要は、検察の言うがままに容疑を認め、早期の保釈を獲得し、公判廷では情状酌量を訴えて執行猶予判決を勝ち取ろう——それがY弁護士の「弁護方針」だった。

特捜部は当時、押収した業際研の「業務日誌」などをもとに茨城県の石岡市や下妻市の市長をターゲットとした贈収賄事件の捜査を急ピッチで推し進め、尾崎氏に事実関係の認否を迫りはじめていた。いずれも尾崎氏にとっては事実と異なる部分ばかり目につく内容だったというが、いくら否定しても検察のシナリオ通りに突き進んでいく捜査に焦燥と恐怖を感じた尾崎氏は、検察内部に精通し、幹部にも太いパイプを持つY弁護士に縋《すが》り、大きな期待を寄せた。

「事実でないことでも、検察は都合のいいようにどんどん事件をつくっていってしまう。そんな捜査にもの凄《すご》い恐怖を感じたので、元検事のY先生ならどこかで歯止めをかけてくれると信頼したんです。もちろん、一刻も早く保釈を受けたいという気持ちも強かった」（尾崎氏）

これまで何度か指摘してきた通り、現状の刑事事件の捜査においては、容疑を否認すれば保釈は認められず、多くの場合は長期の勾留《こうりゅう》を余儀なくされる。これを悪用し、保釈をエサに自白を迫る捜査手法――いわゆる「人質司法」が横行しているのが刑事司法の現実である。必然的に弁護人は「とりあえず認めて保釈を勝ち取ろう」といった弁護方針に流れがちとなる。

たとえば、第8章で詳しく紹介することになる弁護士の安田好弘氏も、自身が不当逮捕された事件を振り返りながらこう指摘している。

「私は否認したため一〇カ月も勾留された。否認したために、逮捕から九年経った今も裁判が続いている。弁護士が『嘘でもいいから認めてしまえ』と言うのは、実のところ真実なんです。現在の刑事司法は、弁護士がそこまで言わざるを得ないほど酷《ひど》い状態になっている」

こうした現実を踏まえた上で言えば、尾崎氏に対してY弁護士が示した弁護方針は〝適切〟だったのかもしれない。しかし、検察捜査に「歯止め」をかけてくれると期待したY弁護士は以後、まるで検察と一体化して事件をつくり上げていくかのような振る舞いを見せはじめたという。

2

Y弁護士のアドバイスに従って尾崎氏が捜査に協力的な姿勢を見せるようになると、検事は自ら描いた筋書きに沿った調書を次々作成し、署名を迫ってきた。

「すべては検事の作文だった」と尾崎氏は言うが、競売入札妨害でスタートした事件は茨城県石岡市長への贈賄、さらには同県下妻市長への贈賄事件へと発展していく。検事が突きつけてくる調書に事実と異なる部分があると思っても、Y弁護士に相談すると常にこんな風に諭された。

「この程度だったら間違いなく執行猶予がつくから」

「早く認めて事件を終わらせた方がいい」

それでも時には事実と異なる容疑内容を押しつけようとする取り調べの不満に耐えきれず、否認したり抵抗する姿勢を示したこともあった。だが、担当検事はそのたびに「Y先生に相談してみなさい」と水を向けた。

尾崎氏が言う。

「調書への署名を拒否したり否認したりすると、検事は必ず『Y先生に相談しなさい』と言い出す。そのうち、Y弁護士に相談して調書に署名する、というパターンができ上がってしまいました」

そんな取り調べが続いて一ヵ月ほど経ったころ、尾崎氏は担当検事から徳島県知事をめぐる贈収賄事件の捜査に着手した、と告げられた。石岡、下妻両市長に関する事件で捜査は終結すると思い込んでいた尾崎氏は心底驚き、強く反発した。

「ふざけるな、と思いましたよ。このままでは次々と大きなもの（事件）をつくり上げられてしまうじゃないかって。でも、抗議すると検事は『せめて県知事クラスを捕まえないと特捜じゃない。私たちの手柄にならないんだ』『尾崎さん、頼むから協力してくれ』と何度も繰り返してきて……」（尾崎氏）

徳島県知事の事件をめぐって検察側が描いたストーリーも事実と異なり、賄賂《わいろ》とされたカネは後援会への政治献金だった、と尾崎氏は主張する。しかし、取り調べで強硬にそう訴えると、またも取り調べ検事はこう諭してきた。県知事関連の聴取がはじまって三、四日ほど過ぎたころのことだったという。

「（特捜部の）副部長がY先生と連絡を取っているようだ。Y先生は今度の接見の時にゆっくり時間を取ってくれるそうだから、相談してみなさい」

Y弁護士は実際にこの翌日の午前中に接見に訪れた。ところが接見の最中に携帯電話を取り出すと、尾崎氏の眼前で通話先とこんなやりとりを交わしはじめた、と尾崎氏は言う。

「徳島？」「え⁉ そんな資料あるの⁉」「協力ねぇ……。本人に話してみるよ」

弁護士とはいえ、接見中に携帯電話で外部と通話するなど通常は認められぬ振る舞いに思えるのだが、Y氏は四、五分ほどの通話を終えると、その相手が尾崎氏の事件を統括する特捜部の副部長だったと明かし、

「尾崎さんが突っ張っていてガードが固いから、向こうも弱気になっている」

と言って特捜部側との取引を持ちかけてきた。

尾崎氏によれば、Y弁護士が特捜部との取引の条件として示したのは二つだった。まず、裁判で執行猶予が得られるように検察側が求刑などの際に配慮をすること。もう一つは、可能な限り早期に保釈が得られるよう認めさせること。この二つの条件を検察側が受け入れるのなら、検察の描くストーリーに合わせた事件づくりに全面協力しよう——。

続けて尾崎氏の話。

「Y先生は『副部長には俺の方から話を通しておくから』と言ってくれて。しばらくは本当に悩んだけれど、最後は腹を決めざるを得ませんでした。いくら突っ張っても、すでに検察はストーリーをつくってしまっているし、家族のことも心配だった。（徳

島県知事関連の取り調べがはじまってから）三、四日間はほとんど眠れず、事実と違う事件がつくられていくことへの良心の呵責《かしやく》から、紐《ひも》があれば首をつって死にたい、毒があれば飲みたい、というような気持ちにもなっていましたから……」

3

肉体的にも精神的にも限界だった尾崎氏は結局、徳島県知事の事件をめぐる検察捜査への全面協力を決断した。Y弁護士との接見を終えた尾崎氏に対し、取り調べ検事も「Y先生は何と言っていたか」とせっついてきた。戸惑いが消えたわけではなかったが、尾崎氏はY弁護士の示した提案を説明し、条件が受け入れられるなら捜査に協力する、と検事に伝えた。

すると取り調べ検事は満面に笑みを浮かべて「そうですか！」と応じ、上司である主任検事や特捜部の副部長と連絡を取りはじめたという。この際に検事は〈求刑＝執行猶予がつくよう手配、保釈＝事件終了後早期に〉と記したメモまで作成して尾崎氏に示し、間もなく特捜部幹部からも「条件をすべて飲む」との返答が取り調べ検事を通じて伝えられた、と尾崎氏は振り返る。

「これで裏取引が成立したわけですから、それからの取り調べは極めて順調に進んで、私も検事のデタラメな調書づくりに協力させられました。早く保釈されたいし、取引が成立したという安心感がありましたから」（尾崎氏）

事実とすれば、司法取引まがいの捜査が水面下で行なわれたことになるのだが、検察にとって尾崎氏を説得してくれるY弁護士は限りなく頼りになる存在だったに違いない。そんな検察の本音を示すエピソードがある。

尾崎氏によれば、勾留中のある日、Y弁護士とは別の弁護士が接見を申し入れてきたことがあった。尾崎氏には知らされていなかったが、検事は「尾崎さんの奥さんの紹介で面会を申し込んで来た弁護士だ」と明かし、続けてこう頼み込んできたという。

「これは副部長からのお願いなんだが、Y弁護士を代えないでほしい。Yさんは副部長とも大変親しい間柄だから、都合がいいんだ」

尾崎氏の話を聞いていた元参院議員の村上正邦氏も、自身の事件で類似の経験をしたと言って口を開いた。村上氏がKSD事件で逮捕され、検察の取り調べを受けている最中《さなか》のことだったという。

「私の時も、取り調べ検事が『あなたの弁護人を私はあまり知らないんだ』と言い出して、『よく知っている弁護士に付いてもらったらどうか』と提案してきたことがありましたよ。それがやっぱりY弁護士だったんです。Yさんだったら取引できるようなことを検事が言外ににおわせるから、接見に来てもらったこともありました」

村上氏との接見の際も、やはりY弁護士は同じような話を持ちかけてきたという。続けて村上氏の話。

「Y弁護士は『これはもう全部認めなさい。恐らく二年程度の実刑になるけど、一年くらい（刑務所に）入れば出てこられるから』とか、『早く勝負をつけた方がいい』とか言うんです。しかし、やってもいないことを認めるなんて断固としてできない。私は無実なのだから、これでは弁護を頼むことはできないと思いましたけれどね」

4

実はこのY弁護士、ある大手紙のインタビューに応じて自身の弁護姿勢を次のように語ったことがある。

〈具体的な事件については言えないが、否認していれば何カ月も保釈されない現実がある。それでも真実と思うことを貫くか、早期保釈と執行猶予を目指して現実的な路線をとるか、依頼者にメリットとデメリットの両方を示して選んでもらう。証拠を見て有罪の可能性が高ければ、認めた方がいいと勧めることもあるが、後は依頼者の人生観、哲学の問題だ〉

こんなY弁護士のアドバイスを受け、村上氏は真実が歪《ゆが》むことを忌避したが、尾崎氏は「現実的な路線」を選択してY弁護士の言うがままに検察捜査に協力した。結果、尾崎氏に対する捜査はまるで検事とY弁護士が共犯関係となって事件をつくり上げていくような状況が生まれたのである。だがそれは、刑事司法が本来目指すべき「真実の追求」という理想からはかけ離れたものだった。

検察への協力を続ける尾崎氏にとって、最大の望みは早期の保釈と執行猶予の獲得だった。尾崎氏は取り調べ中も検事に確認を迫り、検事が数枚の紙を尾崎氏に示したことがあったという。贈収賄事件に絡む過去の判決の「量刑相場」を一覧表にした検察の内部資料だったと尾崎氏は語る。

「それは過去三〇年の贈収賄事件の判決が一覧になっている表でした。それを何度も見せながら検事は『尾崎さんのケースなら間違いなく執行猶予だ』と断言してくれましてね。また、私の事件の直前に捜査が終わったKSD事件の（贈賄側である）古関忠男・KSD元理事長が執行猶予判決を受けたことを報じる新聞を見せながら、『古関さんは私たちに協力してくれたから執行猶予にしたんだよ』とも言っていました」

あらためて記すまでもなく、執行猶予がつくかつかぬかの判断は裁判所が行なうものであり、検事が「捜査に協力したから執行猶予にした」などと語る資格も権利もありはしない。だが、裁判所が検察の言うがままの「自動販売機」（第2章、元大阪高検公安部長の三井環氏の発言を参照）となっている現状下、検事の姿勢がここまで語らせるほど傲慢《ごうまん》になっている証左とは言えるかもしれない。

また、尾崎氏が捜査に全面協力する姿勢を示したためか、検事がこんな風に本音を漏らすこともあったという。続けて尾崎氏の話。

「検事が『尾崎さん、調書はこうやってつくるんですよ』と言って、関係者の調書を私の目の前で突き合わせながら、うまく辻褄《つじつま》の合うように私の調書をつくっていくところを見せてくれました。『ストーリーは最初からできているんです。副部長とか主任が決めているんですから。私たちはその通りに調書を取らなくてはいけないんです』と言っていたこともあった。そんなウソ調書なのに『公判で矛盾が出ないようにきちんと覚えてください』とまで言われましたよ」

石岡市長をめぐる事件では、次のようなこともあったと尾崎氏は言う。同事件で尾崎氏は、市長の親戚《しんせき》に二〇〇万円を渡した記憶はあったものの、そのカネが市長に渡ったかどうかは知らなかった。しかし、検察は市長に直接カネが渡ったとの筋書きをつくり、これを尾崎氏に無理矢理認めさせた。ところが間もなく、当の親戚が検察の調べに対して「市長には渡していない」と供述してしまう。検察がつくり上げた筋書きに大きな矛盾が生じたにもかかわらず、検事は尾崎氏にこう言い放ったという。

「市長を説得したので、最初の（供述）通りにしてください。その方が事件を組み立てやすいんです」

5

捜査に協力した尾崎氏は捜査終了後の二〇〇二年四月、望み通りに比較的早期の保釈を得ることができた。Y弁護士が示した「二つの条件」のうち一つは実現したことになるが、二〇〇三年三月一八日に東京地裁が言い渡した判決は尾崎氏の期待を完全に打ち砕くものだった。執行猶予なしの懲役二年六月という実刑――。唇を噛《か》んで尾崎氏が言う。

「騙《だま》されたんです。事実と異なる調べに徹底して抵抗していれば別だけれど、事実ではない容疑をつくり上げられ、それで実刑にされてしまうなんて冗談じゃない」

尾崎氏が一転して起訴事実を否認し、検察に抵抗をはじめたのは、前記したように二審・東京高裁からのことだった。控訴審で「検察に騙された」と必死で訴える尾崎氏に対し、東京高裁判決は検事が取り調べの中で「量刑表」を見せたことについては認め、〈取調中に贈収賄事件の量刑をまとめた内部資料を見せた検事の対応は適切とはいえない〉と検察の手法に苦言を呈したが、実刑判決が覆ることはなかった。

尾崎氏はワークショップの中で、取り調べ検事からこんな台詞《せりふ》を聞かされたこともあった、と振り返った。

「調書っていうのは、バレないように嘘をつくものなんです。でも、それを裁判所が認めれば真実になるんですよ」

この発言が事実とすれば、ヤメ検弁護士と検察がつくり上げた業際研事件の捜査は、判決によってその通りの結末を迎えたことになる。ただしそれは、歪み切った「真実」紛《まが》いの代物に過ぎなかった。

第7章　佐藤栄佐久

「もの言う知事」を抹殺し
国を誤らせた強引捜査

さとう・えいさく　一九三九年生まれ。福島県出身。東大法学部を卒業後、家業である衣料メーカー「郡山三東スーツ」を継ぐため福島に帰り、日本青年会議所の活動などに携わる。一九八三年の参院議員選挙に自民党から立候補し当選。大蔵政務次官などを務め、一九八八年には福島県知事選に出馬して当選した。以後、五期にわたって福島県政を率いたが、二〇〇六年に入ると東京地検特捜部による捜査のターゲットとなり、福島県発注の下水道工事をめぐる談合容疑で実弟の祐二氏らが逮捕された。その後に知事を辞職。佐藤氏自身も同年一〇月に収賄容疑で逮捕された。

【福島ダム汚職事件の経過】

現職の福島県知事だった佐藤栄佐久氏は二〇〇六年一〇月、県発注の木戸ダム工事をめぐる収賄容疑で東京地検特捜部に逮捕された。特捜部が描き出した事件の「構図」は、おおむね次のようなものである。

（1）ダム工事を前田建設工業が受注できるよう、佐藤氏が部下である県幹部に〝天の声〟を発した。（2）前田建設はダム工事受注の見返りとして、佐藤氏の弟の祐二氏が社長を務めていた「郡山三東スーツ」の所有地を時価よりも高値で買い取った。（3）実際に土地を買い取ったのは下請けである水谷建設で、買い取り価格は計九億七三〇〇万円だった――。

特捜部は、時価よりも高い買い取り価格のうち一億七三〇〇万円が賄賂《わいろ》にあたるとして起訴し、二〇〇八年八月の一審・東京地裁判決は佐藤氏に懲役三年・執行猶予五年を、祐二氏には懲役二年六月・執行猶予五年の判決を言い渡した。ただ判決は、検察が賄賂とした額のうち一億円は佐藤氏に報告がなかったとして除外し、賄賂額を約七〇〇〇万円と認定。二審・東京高裁も佐藤氏が〝天の声〟を発したことなどを認めて有罪判決を下したものの、今度は約七〇〇〇万円の賄賂性まで否定し、賄賂として得たのは「土地を現金化した利益にとどまる」との判断を下した。

この判決は佐藤氏、検察側の双方が不服として上告、最高裁の審理が続いている。

収賄で「有罪」を宣告されたのに、実際に受け取った賄賂の額はゼロ――。そんな奇態な判決が二〇〇九年一〇月一四日に東京高裁で言い渡され、司法界に波紋を広げた。被告となったのは福島県知事だった佐藤栄佐久氏である。

福島県発注のダム建設工事をめぐる収賄容疑を振りかざし、東京地検特捜部が佐藤氏を逮捕したのは〇六年一〇月に遡《さかのぼ》る。佐藤氏が前田建設工業（東京都千代田区）に工事受注の便宜を図る見返りとして、実弟・祐二氏が社長を務める衣料メーカーの所有地を時価より高値で買い取らせた、というのが容疑内容の柱だった。実際に土地を買い取ったのは前田建設の下請けの水谷建設（三重県桑名市）である。

佐藤氏は、特捜部の取り調べで容疑を大筋認めたと伝えられたものの、東京地裁で開かれた一審公判からは無罪主張に転じ、以後は検察と全面対決の姿勢を取り続けた。しかし、一審判決は佐藤氏側の主張を退け、二審・東京高裁判決もやはり佐藤氏に有罪を言い渡したのだが、検察側が「賄賂」にあたるとした土地の買い取り代金については奇妙な経過を辿《たど》ることとなった。検察側は「買い取り価格」と「時価」には約一億七〇〇〇万円もの差があり、これが「賄賂」にあたると指摘したにもかかわらず、一審で賄賂額は約七〇〇〇万円に大幅減額され、二審ではついに「ゼロ」となってしまったのである。

結局、東京高裁判決では佐藤氏側が見返りとして得たのは「土地を現金化した利益にとどまる」と断ぜられた。それでも有罪を宣告された佐藤氏は、二審判決後の会見で「まったく真実が語られていない」と不満をあらわにしたが、司法関係者からは「事実上の無罪判決だ」との声も吹き出した。当然だろう、ダム工事受注の見返りとして得たという「賄賂」が消滅し、単に土地を適価で買い取ってもらったにすぎない、と結論づけられてしまったのである。検察側立証の根幹が潰《つい》え去ったといっても過言ではない。

だが、いったいなぜ、これほど奇態な顚末《てんまつ》になってしまったのか。また、事件の真相と検察捜査の問題点はどこにあったのか。「日本の司法を考える会」ワークショップで佐藤氏の訴えに耳を傾け、検察捜査の問題点と事件の真相を考察した結果、ここでも浮かび上がってきたのは、狙い定めたターゲットを塀の内側に落とすためには手段を選ばぬ特捜検察の歪《ゆが》みきった姿の片鱗《へんりん》だった。

1

「（ダム建設などの）公共工事の発注は知事名義で行なわれるわけですから、確かに知事の権限には違いありません。ただ、福島では先々代の知事時代に汚職事件があったため仕組みが整備され、県の入札に知事が関与するようなシステムになっていない。そもそも、どんな入札があるかという情報からも遮断されていて、土木部からあがってくる入札結果を担当の副知事が追認するだけだったようです」

佐藤氏が「先々代の知事」と語るのは、一九六〇年代から七〇年代にかけて知事として福島県政に長く君臨した故・木村守江氏のことである。その木村氏は七六年八月、県の工事発注や土地開発に絡み、建設業者から賄賂を受け取ったとして福島地検に逮捕、起訴され、後に有罪が確定している。

以後、福島県では知事が公共工事の入札に介入できるような仕組みが完全除去されていたと佐藤氏は強調するのだが、〇六年に入ると東京地検特捜部は福島の公共事業に関する捜査に乗り出し、九月四日には県発注の下水道工事をめぐる談合の疑いで佐藤氏の支援者らを逮捕した。続く同二五日には、やはり談合容疑で実弟・祐二氏と県の土木部長経験者らが逮捕され、佐藤氏は知事辞任に追い込まれた。

福島県で捜査に着手した特捜部のターゲットが、五期一八年という長期にわたって県政を司《つかさど》った知事＝佐藤氏に当初から向けられていたのは間違いない。そして間もなく佐藤氏は収賄容疑で逮捕されるが、前記したように特捜部の取り調べの中で佐藤氏は、自らに科せられた容疑内容を大筋で認めたと伝えられている。これはいったいなぜだったのか。佐藤氏の話。

「私は無実です。これについては一点の曇りもない。特捜部が言うような収賄はもちろん、談合に関与したことも断じてありません。でも、特捜部は最初から筋書きを決めつけて捜査を繰り広げ、そこにすべてを押し込めようとしてくる。筋書きに合わないことを訴えると、徹底的な恫喝《どうかつ》で絞り上げられる。地元商工会の有力者である後援会幹部たちや県議会のみなさんが次々と検察に呼び出され、場合によっては選挙違反も視野に入れて片っ端から捜査対象にされていました。拘置されて捜査の実態も自分が置かれた全体状況も分からない中、やむを得ず〝自供〟してしまったんです」

最初から筋書きありきで捜査に突き進み、事実と異なる容疑内容を懸命に否定してもまったく聞く耳を持ってくれなかった――。こうした訴えは、ワークショップの他のゲストが口を揃えて明かした近年の検察捜査における最大の歪みである。また佐藤氏自身、取り調べの中で次のような恫喝を受け続けたという。

「早く認めないと、自白した近しい人たちと裁判で大変なことになるよ」

「今は単純収賄だが、否認してると受託収賄になるかもしれない。（さらに罪状の重い）加重収賄の疑いもある。（実弟の）祐二氏も再逮捕だ」

「この（公共事業をめぐる談合や収賄の）仕組みを、選挙まで含めて解明していく。当然、選挙違反も証拠がある限り進めて行かねばならないなぁ」

佐藤氏を取り調べた検事の口ぶりは比較的穏やかだったというが、検察の恫喝が佐藤氏側に与えたダメージは深刻だった。佐藤氏の周辺では、実弟の衣料メーカーで幹部が自殺を図って意識不明の重体となり、特捜部の苛烈《かれつ》な取り調べを受けた後援会幹部や親族が次々と体調に異変をきたし、九六歳という老齢で車椅子の生活を送っていた佐藤氏の実父宅への家宅捜索までが何度も強行された。

一方、実弟・祐二氏の取り調べ検事は、佐藤氏を担当した検事と異なり、意識が混濁するまで罵倒《ばとう》を浴びせかけたという。

「お前の息子たちも証拠隠滅で逮捕する」

「中学生の娘が卒業するまでここから出さない」

「知事の支援者もやられる。徹底的に絞り上げてやるからなっ！」

佐藤氏によれば、祐二氏は意識が朦朧《もうろう》とした際、検事から捏造《ねつぞう》の「自白調書」まで取られたという。続けて佐藤氏の話。

「東京拘置所の独房で、考えたんです。私は賄賂《わいろ》など絶対受け取ってないし、法的にやましいところは何もない。でも、検察は何を言っても聞く耳を持たないし、私が自白さえすれば、東京地検に呼び出されて怒鳴り上げられる支持者を救うことができる。私を支えてくれた人たちをこれ以上苦しませるのは、あまりに申し訳ないし、世間を騒がせた道義的責任は確かにある。何よりも、この騒動の火を消すのは、自分にしかできない……。そう、考えたんです」

事実と異なる容疑だろうが認め、事件に幕を引いてしまおう――。佐藤氏が「自白」を決意したのは、逮捕からわずか四、五日後のことだった。

2

佐藤氏の「収賄」容疑を裏付ける「最大の証拠」となったのは、佐藤氏に先立って特捜部に逮捕された県の元幹部による「決定的証言」だった。この元幹部は二〇〇一年春に退職するまで県の公共事業などを担当する立場にあり、問題となった木戸ダムの発注に関しては佐藤氏から〇〇年一月初旬、知事室で次のような「天の声」を発せられたと語ったのである。

〈木戸ダムは、前田（建設）が一生懸命に営業をやっているようだな……〉

特捜部は、この佐藤氏の発言が木戸ダム工事を前田建設に発注するよう促すものだったと断じ、一審、二審の公判でも佐藤氏を有罪とする大きな根拠とされた。しかし佐藤氏は今も必死の形相でこう訴える。

「絶対にそんなことを言っていない。まったくのデタラメです。私は（県の）職員に特定の業者の名前を口にしたことなどないし、職員から特定業者の名前を聞いたこともありません。その証拠に元部長は、ダム工事の請け負いが前田に決まった後、私に報告もしていないんです。天の声を発したという時期に関しても、元幹部の証言は極めて曖昧《あいまい》でしたが、裁判長が証言から一月七日しかないと特定してくれました。でも、この日は新年で忙しく、部長が知事室に入ってくる時間などありませんでした」

佐藤氏の訴えが事実だとするならば、元幹部はいったいなぜ、検察の取り調べに対してこのような証言を口にしたのか。

真相は定かではないが、佐藤氏の公判廷では極めて興味深い事実が明らかとなっている。この元幹部の東京の銀行口座には一〇〇万円単位のカネが何度も入金された記録が残されていた。さらに元部長の自宅の机の中には輪ゴムでくくられた一〇〇万円単位のカネが計三〇〇〇万円もあった。元幹部はこれを公判廷で弁護側から追及され、「親の遺産をタンス預金にしていた」などとしどろもどろの抗弁に終始し、検事が助け舟を出そうとして裁判長に注意されることまであったという。

つまり、元幹部が県の公共事業などをめぐって何らかの不正——例えば談合の調整など——を働き、その見返りに受け取っていたカネだった疑いが浮上したのである。

佐藤氏が言う。

「この事実は、実は特捜部の調べで明らかになっていたものでした。特捜部は知らぬふりを決め込んでいたんですが、公判前整理手続きで弁護士が検察側に請求して出てきたんです。私は、特捜部がこの不審な〝タンス預金〟を材料に元幹部を締め上げ、私が発したという天の声の証言をつくりあげたんじゃないかと思っています」

だとするなら、元幹部の犯罪行為を握りつぶしてやる代わりに、検察が狙うターゲットである現職知事＝佐藤氏に不利な証言を引き出す材料としたことになる。

これも真相は藪《やぶ》の中だが、佐藤氏を囲んでのワークショップには元大阪高検公安部長の三井環氏も参加していた。かつては各地の地検検事や高松、高知地検の次席検事として事件捜査に携わった経験も持つ三井氏に、

「検察が『大きなターゲット』を狙い撃ちするために『小さな犯罪』を握りつぶして取り引き材料に使うことなどあるのだろうか？」

と尋ねると、三井氏はことも無げにこう打ち明けた。

「そんなこと、しょっちゅうありますよ（苦笑）。正直に言えば、私も捜査でその手を使ったことがありましたから……」

にわかには信じ難いかもしれないが、類似のケースは「日本の司法を考える会」ワークショップの中でもいくつか明らかとなっている。たとえば弁護士の安田好弘氏が強制執行妨害容疑で逮捕、起訴された事件はその代表だろう。

安田氏の事件については次章で詳述するが、オウム真理教の麻原彰晃・元教祖の主任弁護人などを務めて検察・警察と鋭く対峙《たいじ》し、死刑廃止運動等にも熱心に取り組んできた安田氏が逮捕されたのは一九九八年末のこと。安田氏が顧問弁護士を務めてい

た不動産会社をめぐって約二億円の資産隠しを指南したというのが容疑内容の柱だったが、実を言えばこの二億円は不動産会社の女性社員が退職金名目で横領していたカネだったことが公判廷で判明してしまう。安田氏を狙った事件捜査を直接担当したのは警視庁捜査二課だったものの、警察と検察はこの事実を捜査過程で把握しながら黙殺し、逆に女性社員から安田氏の「有罪」を裏付ける証言を引き出す材料に利用していた疑いが浮上したのである。

三井氏が言葉を継ぐ。

「捜査は戦争なんですよ。勝つためだったら何でもする。ただ、佐藤知事のケースはあまりに露骨で、それに何より杜撰《ずさん》だ。収賄事件における立証の根幹である賄賂の額が『ゼロ』になってしまうなんて、信じられない失態ですよ。それでも有罪を言い渡したのは、裁判所が検察に精一杯の配慮をした結果なんでしょうが、これはもう事実上の無罪判決です」

実を言えば、佐藤氏の主任弁護人となっているのは、かつて東京地検特捜部長を務めた宗像紀夫氏だった。宗像氏はその後、高検検事長なども歴任した大物ヤメ検弁護士であり、近年高まりを見せている検察捜査への批判の中でも検察擁護の論陣を張ることが多い人物だが、その宗像氏ですら佐藤氏の事件に関する捜査については私の取材にこう断言している。

「これは確かに酷《ひど》いデッチ上げ事件だ。私たちの時代からは考えられないほど杜撰かつデタラメな捜査だと思う」

3

ところで、福島県知事だった佐藤氏はなぜ、特捜検察のターゲットとされてしまったのか。

佐藤氏は知事時代、市町村合併や道州制といった国の地方政策に異を唱え、真の地方分権の実現を強く訴える「もの言う知事」の一人として知られていた。また、原子力発電所が集中立地する県のトップとして国の原子力政策の歪《ゆが》みと不透明性、さらには安全への取り組み不足を強く批判していた。

中でも二〇〇二年に相次いで発覚した東京電力の原発トラブル隠しを受け、知事時代の佐藤氏は怒りを爆発させている。福島第一と第二にある計一〇基の原発はすべてが稼働停止に追い込まれ、佐藤氏は再稼働に抵抗する一方、徹底した安全確保と情報公開を求めた。特に福島第一原発で予定されていたプルサーマル計画の白紙撤回を打ち出したことは国や東京電力に衝撃を与え、大きな波紋を広げた。

そうした知事を狙い撃ちした特捜検察の捜査。佐藤氏によれば、実弟の祐二氏は取り調べの中で、検事からこんな言葉を吐きかけられたという。

「知事は日本にとってよろしくない。いずれは抹殺する」

もちろん、佐藤氏をターゲットとした検察捜査の背後にそれほど深淵《しんえん》な思惑が隠されていたのかどうか、これもまた定かではない。

ただ、真の地方分権を訴え、原発政策の歪みに警鐘を鳴らしていた知事を虚構に塗《まみ》れた捜査で「抹殺」してしまったとするなら、この国の針路を誤らせてしまっているのは、ほかならぬ検察組織のことを指すのではなかったか。

★文庫版追記

「収賄額ゼロの収賄」に問われた佐藤栄佐久氏について、最高裁は二〇一二年一〇月に佐藤氏の上告を棄却し、懲役二年、執行猶予四年の有罪判決が確定してしまった。

しかし、この少し前に佐藤氏はやや皮肉な形で一躍〝時の人〟になり、メディアなどの注目を浴びることとなった。二〇一一年三月一一日に東日本大震災が発生、福島第一原発が大事故を引き起こし、原発政策をめぐる知事時代の佐藤氏の訴えがあらためて見直されはじめたのである。

佐藤氏はいまも故郷である福島県郡山市に暮らしつつ、『福島原発の真実』(平凡社新書)、『地方の論理　フクシマから考える日本の未来』(青土社、開沼博氏との共著)、

『原子力村の大罪』（ベストセラーズ、小出裕章氏らとの共著）などの著作を数々上梓《じょうし》する一方、メディアのインタビューや集会などで積極的な発言を続けている。

第8章

安田好弘

反骨の弁護士に襲いかかった

警察・検察捜査の虚構

やすだ・よしひろ　一九四七年生まれ。兵庫県出身。一橋大学法学部を卒業後、一九七七年に司法試験合格。以後、一貫して死刑判決を受ける可能性の高い刑事事件や弱者の立場にある被告人の弁護を引き受け、警察・検察と激しく対峙してきた。最近では和歌山カレー事件の林真須美被告や耐震偽装事件のヒューザー元社長・小嶋進被告らの弁護人となったほか、山口県光市の母子殺害事件では上告審から被告少年の主任弁護人を担当。死刑廃止運動に熱心に取り組んできたことでも知られる。

【安田好弘氏が逮捕・起訴された強制執行妨害事件】

安田好弘氏が逮捕・起訴された強制執行妨害事件は、安田氏を狙い撃ちするために警察・検察が不正と隠蔽《いんぺい》にもとづいて描き上げた虚構そのものだった。

事件の舞台となったのは、安田氏が顧問を務めていた不動産会社「スンーズエンタープライズ東京リミテッド」。在日華僑《かきょう》の孫忠利氏が一代で築き上げた同社は、バブル崩壊とともに経営が急速に悪化し、旧・住宅金融専門会社（住専）などから受けていた巨額融資の返済が滞った。

こうした中、警視庁は同社が資産隠しをしているとして捜査に着手。関連会社にビルを一括賃貸したように装って計約二億円の賃料収入を隠したとして、孫社長らを一九九八年一〇月に強制執行妨害容疑で逮捕。資産隠しを主導したとして、同年一二月六日には安田氏も逮捕した。

しかし、安田氏は一貫して無罪を主張。安田氏の弁護団には約一二〇〇人もの弁護士が自ら志願して名を連ねたが、裁判所は八回に及ぶ保釈請求を却下し、勾留《こうりゅう》は一〇カ月にも及んだ。

一方、安田氏は拘置所内で同社会計帳簿をあらためて精査し、問題の二億円は同社の元従業員が退職金名目で横領していた事実を突き止めて公判廷で追及。このほか公判では、捜査当局がこの事実を知りながら見逃していたことなど、捜査の不正と虚偽が相次いで発覚している。

結果、二〇〇三年一二月に東京地裁は「犯罪の証明がない」として無罪を宣告し、警察・検察に対しては「立証活動に根本的で重大な問題がある」と異例の調子で非難した。

数々の困難な刑事弁護に辣腕《らつわん》を振るってきた反骨の弁護士・安田好弘氏は何故、警察・検察による捜査のターゲットとなって逮捕・起訴されたのか。真相は今も判然とはしないが、安田氏に対する警察・検察の遺恨が引き金となったのは疑いない。

世界の潮流に背を向けて日本が固執する死刑制度に異を唱え、メディアや世論までが白眼視する刑事被告人の側に寄り添って検察や警察と真っ向から対峙《たいじ》してきた弁護活動。たとえそれが弁護士として当然の職務だったとしても、検察や警察の怨嗟《えんさ》は確実に沈殿していた。安田氏を捕らえ、弁護士資格を剝奪《はくだつ》する――捜査当局は恐らく、そんな邪《よこしま》な思惑を抱えて捜査の刃《やいば》を振り上げたはずだった。

事実、安田氏に科された容疑はひどい虚構にまみれた代物だった。さすがの東京地裁も一審判決で無罪を言い渡し、捜査については「根本的で重大な問題があり、犯罪の証明はない」、「(検察側は)アンフェア」とまで断じている。にもかかわらず検察側は即刻控訴した。

しかし、安田氏は一審で無罪判決を受けると間もなく刑事弁護の現場に復帰し、空白期間を埋めるかのように旺盛《おうせい》な弁護活動を繰り広げている。メディアや世論が異様な沸騰を見せる山口県光市の母子殺害事件では、被告人となっている元少年の弁護を引き受けてエキセントリックな非難に晒《さら》されてはいるが、法廷を徹底した真実追求の場にしたいと訴え続ける安田氏の真摯《しんし》な姿勢に共感する司法関係者は数多い。

「日本の司法を考える会」ワークショップはここまで、主に政界などを中心として検察捜査のターゲットとなった人々の訴えに耳を傾けてきたが、一貫して在野の弁護活動を続けてきた末に警視庁によって逮捕・起訴されることとなった安田氏を囲んでの議論も試みた。刑事司法の現状と問題点に精通した安田氏の目には今、日本の司法のあり方がどのように映っているのか。また、安田氏は何故、警察捜査に狙われることになったのだろうか——。

1

「私は、死刑の危険に晒された人々の弁護を引き受けることによって国家や刑の執行当局と激しく対峙し続けざるを得なかった。だから私自身がいずれ何らかの形で拘束され、(弁護士)資格もやがて剝奪されるだろうという予感は持っていたし、それも覚悟の上で(弁護)活動をやってきました。しかし、(安田氏を狙った)事件は予測を超えるものでした」(安田氏)
捜査当局や裁判所に敢然と向き合っていた安田氏を捕らえるために警察・検察が描いた筋書きは、安田氏が顧問弁護士を務めていた不動産会社を舞台とする強制執行妨害事件だった。旧・住宅金融専門会社（住専）の大口融資先だった不動産会社をめぐり、安田氏が二億円を超える資産隠しを指示したとされる被疑事実はしかし、公判廷の場で捜査の不正と杜撰《ずさん》さが次々暴露され、醜悪な実態をさらけ出している。

たとえば安田氏の指示で隠匿されたと検察側が主張した約二億円は、同社の元従業員が退職金名目で横領したカネだったことが判明した。また、この事実を警察・検察が捜査の過程で把握しながら頬被《ほおかぶ》りし、安田氏立件の根拠へとねじ曲げていたことも発覚している。

つまり、警察・検察は「元従業員による横領」という明確な犯罪事実を捜査過程で把握しながら黙過したばかりか、逆に当該の元従業員から安田氏立件に向けた迎合供述を引き出す材料としていた可能性が濃厚となったのである。

これほど不正に満ちた捜査で安田氏を塀の内側に叩《たた》き落とそうとした警察・検察の狙いはいったい何だったのか。安田氏は「真実はまったくわからない」と語りつつ、「オウム狙いだなという感じはする」と振り返る。

安田氏は当時、オウム真理教（現在は「アーレフ」に改称）の麻原彰晃・元教祖の主任弁護人を務め、公判廷における弁護側の司令塔の役割を果たしていた。

「実は私も本心では（麻原元教祖の弁護を）やりたくなかったんです。しかし、弁護人として好き嫌いで弁護を引き受けるのは許されないことだし、オウム事件のように

（弁護人を）引き受ける人がいないケースでは、自ら進んで引き受けるのが当たり前だろうと考えましてね」（安田氏）

　こうして主任弁護人を引き受けた安田氏は、公判に全精力を注ぎ込み、検察や裁判所とは激しく衝突した。検察はもちろんのこと、裁判所までが事件の真相解明よりも形ばかりの「迅速処理」に固執する態度を露《あらわ》にしたことに心底憤ったからだという。だから弁護団はあらゆる手段を講じて抵抗し、公判をボイコットしたことは激しい批判を浴びた。

　だが一方で、真摯な事実究明を求める安田氏の弁護姿勢は、教団が引き起こした犯罪の被害者からも一目置かれていた。

　安田氏自身、今もこう強調する。

「（麻原元教祖が問われた）一七件の起訴事実のすべては、麻原彰晃という人間が具体的、個別的に手を下していない事件ばかりです。教祖だから、あるいはマインドコントロールされたから、などという訳のわからない言葉を持ち出し、麻原という極悪人が信者を一種の催眠術でロボットのように扱って事件を引き起こしたなどというのは、粗雑に過ぎる。それに、オウム事件をめぐっては、捜査にも不可解なことがいくつもあったんです」

　オウム捜査をめぐる「不可解なこと」として安田氏が挙げたのは大きく二つだった。

まず、オウム犯罪の原点ともいうべき坂本堤弁護士一家殺害事件。そして未曾有《みぞう》の大惨事となった地下鉄サリン事件をめぐる捜査への疑問である。

2

あらためて振り返ってみれば、地下鉄サリン事件が起きたのは一九九五年三月二〇日。一方、警視庁がオウム真理教への一斉強制捜査に着手したのは直後の三月二二日だった。警察当局は相当に早い段階で教団によるサリン製造の事実を摑《つか》み、強制捜査を間近に控えて教団幹部の動向を徹底追跡していた。なのに何故、地下鉄サリン事件という凶行を許してしまったのか、と安田氏は疑義を唱える。

一方、坂本堤弁護士一家殺害事件をめぐる警察捜査は、さらに根深い問題を孕《はら》んでいる。私自身、当時勤務していた通信社の記者としてオウム事件の取材に携わり、これに関しては警察の捜査に強烈な不信と懐疑を抱いたことを鮮明に記憶している。

いったいどういうことか。すでに各所で指摘されてきたことではあるが、神奈川県警がもし坂本弁護士事件の早期解決を成し遂げていれば、後のオウム教団による数々の凶行は起きることがなかったし、それは現実に可能だったのではないか、との疑念である。

一九八九年一一月に発生した坂本弁護士事件は、坂本弁護士がオウム真理教被害者対策弁護団の一員として教団と対立していたことに加え、失踪《しっそう》現場に教団バッジが残されていたことなどから、当初からオウム犯行説が根強く囁《ささや》かれていた。加えて一九九〇年には実行犯の一人である幹部信者が教団を脱走し、神奈川県警に遺体埋葬場所などを通報したことまで明らかになっている。

だが、警察捜査は杜撰と怠惰を極め、事件の解明はおろか、遺体の発見にさえ至らなかった。背景には、坂本弁護士の所属していた法律事務所が神奈川県警による共産党国際部長宅盗聴事件を追及していたことが影響したのではないか、などと噂されたこともあった。

再び安田氏が言う。

「こうした真相もまるごと明らかにしてこそ、巨大な犠牲と衝撃をもたらした事件の弁護だろうと考えたんです。オウム事件はまず、事件の真相と背後にある真実を一つひとつ、徹底的に解明しなければならない。そうすることで初めて未曾有の事件の教訓を得ることができるのではないのでしょうか」

しかし、真実の徹底解明を訴える安田氏の弁護活動は、警察・検察にとってみれば限りなく鬱陶《うっとう》しいものだったに違いない。メディアと世論に背を押されて〝迅速審理〟に固執する裁判所もまた、同様の思いを抱えていただろう。実際、安田氏逮捕によって麻原公判は〝迅速〟処理され、安田氏に襲いかかった当時の検察側の捜査ラインを仔細《しさい》に眺めると、オウム事件絡みの人脈もちらついていた。

もちろん、これが安田氏逮捕の要因になったかどうかは推測の域を出ない。安田氏が主導する死刑廃止運動や過去の弁護活動に対して沈殿していた警察・検察当局の怨《えん》嗟《さ》が一気に噴き出したと見ることもできるし、直接の捜査にあたった警視庁捜査二課内部の歪《ゆが》んだ情熱とメンツが暴走を誘発した、との説も有力に唱えられている。ただ、いずれにせよ安田氏の事件は、強大な捜査権限を有する警察・検察が時に信じ難き恣《し》意《い》的捜査に突き進んでいく現実を如実に見せつけ、裁判を含む日本の刑事司法の病理も同時に浮かび上がらせた。

安田氏はこう言う。

「私は一審で無罪を勝ち取ることができましたが、これは本当に偶然に過ぎないんです。現在の刑事裁判で無罪判決が出る確率は一〇〇〇分の一。いくら無実だとしても、よほど運が良くなければ無罪などあり得ないし、その無罪判決すら実に八割が高裁段階で引っくり返されている。私もはじめから無罪（判決が出る）なんて頭の中にありませんでした」

司法の場で真実が通らない理由はさまざまある。その一つが、日本の裁判官が置かれている現実だという。安田氏は「日本の司法の世界は完全に官僚化している」と言ってこう解説した。

「たとえば、通常の法廷では三人の判事のうち中央に裁判長が座りますが、内部では『部長』と呼ばれ、部下である左右の判事の人事考課を行なう。部長の考課は（裁判所の）所長が行ない、所長の考課は最高裁がする。判決を合議で決めるなんて嘘っパチで、完全なタテ社会になっている。判決などに与える検察の影響力も極めて大きいんです」

結果、どういうことが起きるか。出世や保身のために常に上級審や上司、あるいは検察の意向ばかりを気にする「ヒラメ裁判官」の横行である。当然ながら、真実の解明や公正な裁判の追求といった司法の理想は、脇へと追いやられる。

3

安田氏の事件をめぐっては、安田氏側の保釈請求が実に八回にわたって却下され、勾留《こうりゅう》が一〇カ月に及んだことも波紋を広げた。六回目以降の請求では、東京地裁が保釈を認めたにもかかわらず、検察が抗告して東京高裁が地裁決定を覆すという異例の展開まで辿《たど》っている。東京地裁の判断が保釈に傾いたのは、資産隠しとされた二億円が元従業員の横領によるものだったという事実が公判で発覚し、それを警察・検察が隠蔽《いんぺい》していた疑いが浮上したためだった。

「あれから私に対する（東京地裁の）裁判官の対応が変わり、保釈を認める決定を出すようになったんです。ところが、検察の抗告を受けた東京高裁は三度もこれを引っくり返した。地裁の裁判官は四回目の保釈決定の際、『このまま安田を勾留し続けるのは正義にもとる』という意見書も書いている。なかなか骨のある裁判官でしたが、官僚化した裁判所の中では『高裁がノーと言っているのに同じことを繰り返す地裁の裁判官はバカだ』ということになってしまう。検察と裁判所は一体化していて、裁判官の人事には検察の意向も影響している。裁判は今、そういう状況に置かれているんです」（安田氏）

安田氏の保釈請求に抵抗した検察の論理は、例のごとく「罪証隠滅の恐れあり」というものだった。だが、安田氏の事件をめぐっては、元従業員の横領という重大事実を「隠滅」したのは警察・検察ではなかったか。

安田氏も憤って言う。

「検察は嘘をつかないが、被告人は嘘をつくと考えるのが現在の刑事司法なんです。だから保釈は認めない。『推定無罪』ではなく『推定有罪』。まともな司法制度であれば、検察の持っている証拠はすべて被告人、弁護人にも明らかにされるべきでしょう。弁護人はすべての証拠を使って被告人の無罪を証明しようとし、検察は同じ証拠から有罪を主張しようとする。裁判所はこれを第三者の冷静な立場から見て、どちらが真実かを判断する――これが本来の刑事司法であるはずなのに、今はまったく違う。日本の刑事司法の制度設計は、根本的に間違っているんじゃないでしょうか」

時に事実を歪曲《わいきょく》して事件をつくり出す検察・警察と、ヒラメ裁判官が横行する裁判所。これに加えて「弁護士も堕落しきっている」と安田氏は言う。

「一人の権利、一人の利益を守るために国と対決すべき弁護士が、闘わないいんです」

安田氏によれば、逮捕された直後に面会のため勾留先の警視庁を訪ねてきてくれた知人の弁護士たちが、安田氏に向かってこう言ったことがあったという。

〈容疑を認めて検察に謝れ。うまくいけば起訴されないかもしれないし、起訴されても執行猶予を取れれば、すぐに出られるから〉

続けて安田氏の話。

「もちろん私は彼らのアドバイスに従いませんでしたが、実を言うと彼らが悪いんじゃない。弁護士がそうアドバイスをせざるを得ないような状況になっているのが今の刑事司法なんです。私も容疑を認めていれば二〇日間で出ることができたのに、否認したから保釈が遅れて一〇ヵ月も勾留され、五〇〇〇万円もの保釈金を払わされた。否認したために、逮捕から九年経った今もまだ裁判が続いている。また、ようやく五年後に一審判決が出るまで行動制限された上、月二回という裁判の負担も負わされた。

『嘘でもいいから認めてしまえ』というのは、実のところ真実なんです。それが日本の刑事司法の現実であり、弁護士がそこまで言わざるを得ないほどひどい状態になっている」

捜査段階では、密室の取り調べで警察・検察の描く筋書きに沿った調書へのサインを強要され、否認すれば未決のまま長期間の勾留を余儀なくされる。また、警察・検察は保釈をエサに「自白」を迫り、多くの場合は保釈を得たい一心で調書にサインする。こうしてつくられた調書は〝完璧《かんぺき》〟を極め、法廷でも最重視され、公判で供述を翻して無罪を訴えれば「反省の色がない」などと断罪されてしまう。

その上、現在の裁判所は検察の言うなりであり、起訴されれば長期の裁判を必死で争っても九九％超が有罪となる。だったらむしろ早期に容疑を認めて保釈を受け、公判廷でも刑の軽減や執行猶予の獲得を目指した方が賢明ではないか――。本書に登場した人々も同様の苦悩を味わったと訴えている。

「捜査も手抜きなら、裁判も手抜き。にもかかわらず検察官と裁判官が二人三脚で動き、弁護士は文句も言えない。結局、割を食うのは被告人です。表沙汰《おもてざた》にならないところで冤罪《えんざい》に泣いている人が、ものすごくいるんじゃないでしょうか」（安田氏）

4

　ワークショップの後半には、安田氏の話に聞き入っていた参加者からも意見や質問が相次いだ。いわゆる「ヤメ検」弁護士の問題。あるいはメディアと世論に迎合して重罰化に走る裁判の現状。そして、政府が推し進める司法制度改革や裁判員制度が抱える病理……。それぞれが重要な問題を孕《はら》んでおり、安田氏は一つひとつ丁寧な討議に応じたが、刑事司法の今後を眺め見る目は限りなく悲観的だった。

　たとえば、二〇〇五年一一月に施行された改正刑事訴訟法は「公判前整理手続き」などの新設を柱としている。初公判前に検察と弁護側が非公開の場でそれぞれ証拠と主張を明らかにし、裁判官が争点を確認した上で審理日程を決めておく公判前整理手続きは、裁判員制度の導入を視野に入れた「迅速裁判」の実現が目的とされている。

「多くの人が異を唱えませんが、（公判前整理手続きによって）これまで一審の法廷でやっていたことのほとんどが密室で行なわれるようになってしまった。裁判員制度にしても、何を反映するかといえば世論でしょう。しかし、今の世論は『ガタガタ言うヤツは許すな』、『お上に捕まって盾を突くな』という雰囲気ではないですか」

　そう嘆く安田氏は、ワークショップの最後にこう訴えた。

「司法とは本来、世の中がどれほど沸騰しようとも、法にもとづいて自由と財産と生命を敢然と守るものなんです。しかし今は違う。こうした状況は今後ますますひどくなるでしょう。もはやまともな刑事弁護は、その存在の余地すらなくなってしまったのではないでしょうか」

★文庫版追記

一審で無罪判決を勝ち取った安田氏だったが、二審・東京高裁は二〇〇八年四月、逆転有罪判決を言い渡した。「無罪判決の八割が高裁段階でひっくり返されている」と安田氏が語った通りの経過となってしまったわけだが、その判決は、心底から嘆息したくなるほど政治的な内容だった。

安田氏に対し、検察側は懲役二年を求刑していた。これに対し、逆転有罪の高裁判決が言い渡したのは「罰金五十万円」という異例の〝軽い量刑〟だった。しかも判決は、未決拘置日数を一日一万円に換算して罰金額に算入することとした。

このため、未決拘置日数が一〇カ月に上った安田氏は、実質的に罰金を支払う必要がない。また、弁護士法は「禁固以上の刑に処せられた者」については弁護士資格を失うと定めていて、罰金刑にとどまれば弁護士資格も奪われない。

この判決の直後、安田氏自身は「検察の面子《メンツ》を立てることばかり考えた『壮大な妥協判決』だ」と語った。いったいどういうことか。

警視庁の捜査と検察の立証作業は、とても有罪を言い渡せるような代物ではなかった。だから、このような事件で安田氏に重い刑を科し、弁護士資格を奪ってしまうのは明らかに行き過ぎだが、完全無罪を言い渡してしまえば警視庁と検察の面子は丸つぶれとなってしまう。そこで罰金刑という「妥協判決」をひねり出し、その罰金も払う必要のないように体裁を整えた――。

つまり東京高裁は、真実を見据えるのではなく、検察・警察の面子を最大限に斟《しん》酌《しゃく》して判決に臨んだ。安田氏が「壮大な妥協判決」と評した所以《ゆえん》である。そして最高裁も二〇一一年一二月、高裁判決を支持して安田氏の有罪判決は確定してしまった。これが現下日本の裁判の実情と考えれば、刑事司法の今後に悲観的だった安田氏の言葉は一層説得力を増す。

一方で安田氏は現在も刑事弁護の一線で活躍し、数々の死刑事件の弁護などに奮闘している。

第9章　田中森一

「闇社会の守護神」が明かす
特捜検察の歪んだ実像

たなか・もりかず　一九四三年生まれ。長崎県出身。苦学して岡山大学法文学部を卒業し、一九七一年に検事任官。佐賀、松山、高知の各地検検事などを経て一九八一年に大阪地検特捜部へ配属され、阪大ワープロ汚職や文部省汚職など数々の事件を手がけた。一九八六年には東京地検特捜部に異動。ロッキード事件以来一〇年ぶりに特捜部が現役国会議員を逮捕することになった撚糸工連事件をはじめ、平和相銀事件、三菱重工転換社債事件などに携わった。一九八八年からは弁護士に転じ、バブル紳士や政治家、暴力団関係者の弁護に辣腕《らつわん》を発揮し、「闇社会の守護神」とも呼ばれた。

【石橋産業事件と田中森一氏】

司法や経済事件の取材に携わったことのあるメディア関係者で田中森一氏の名を知らぬ者はいない。それほどに特捜検事として、あるいは豪腕の弁護士として、田中氏は広く知られた存在だった。もちろん「闇社会の守護神」とも称された弁護活動には、時に辛辣《しんらつ》な批判も浴びせられた。

大阪、東京の両特捜部で活躍した田中氏が検察を辞職したのは一九八七年。バブル真っ盛りの大阪で弁護士を開業すると、数多くのバブル紳士や暴力団関係者の弁護を引き受けるようになった。闇社会の絡む弁護に凄腕《すごうで》を発揮する田中氏が、古巣の検察から目の敵にされていたのは間違いない。

結果、二〇〇〇年三月に田中氏は東京地検特捜部に逮捕される。容疑事実は石油卸売商社「石橋産業」をめぐる手形詐欺。田中氏が石橋産業株の一部を手に入れた許永中氏と共謀し、株を返す条件として中堅ゼネコン「新井組」株の買い取り話を同産業側に持ちかけ、同産業が裏書きした額面計約一七九億円の約束手形を騙《だま》し取った――これが特捜部の描いた事件の構図だった。

田中氏は一貫して無罪を主張したが、二〇〇二年六月に東京地裁は懲役四年の実刑を言い渡し、東京高裁も二〇〇六年一月、懲役三年の判決を下した。田中氏は上告したものの、二〇〇八年二月に最高裁は棄却。実刑が確定し、田中氏は獄に下った。

「辣腕の特捜検事」から「闇社会の守護神」への転身。その果てに辿《たど》り着いた古巣・東京地検特捜部による逮捕、起訴——。これほど波乱に満ちた半生を歩んだ法曹人はおそらく、田中森一氏のほかにはいない。

大阪と東京の両地検特捜部で数々の大型事件を手がけてきた田中氏は、「鬼検事」「特捜のエース」などと評されながらも一九八七年に検事の職を辞し、その後は一転して闇社会の住人の弁護を数々引き受けて司法界に名を轟《とどろ》かせた。

バブル紳士や仕手筋といったブラックな人脈。あるいは、汚職が囁《ささや》かれる大物政治家や広域ヤクザ組織の幹部。田中氏の周囲には捜査当局がターゲットとする人々が群がり、時には「悪徳弁護士」との罵《のの》りも浴びた。「モリカズ」——多くの司法関係者が畏怖《いふ》と反発をないまぜにしながら田中氏をそう呼び、動向を注視していたのである。

だが、その弁護活動を単に「悪徳」と断罪してしまうのは安易に過ぎるように思う。田中氏が検察を去って弁護士へと転身する契機の一つとなったのは、歪《ゆが》んだ捜査が横行する東京地検特捜部への憤懣《ふんまん》があったし、田中氏が代理人となった闇社会の住人たちは「オモテの社会」と表裏一体の存在であり、所詮《しょせん》は日本社会の合わせ鏡にほかならない。

また、田中氏が「地下経済の帝王」と称された許永中氏の共犯として詐欺罪に問われることになった石油卸売販売会社「石橋産業」をめぐる手形詐欺事件などにしても、実態を精査すれば田中氏に対する検察の意趣返しによる報復的捜査だった疑いは濃厚だった。

ただ、「辣腕の特捜検事」から「闇社会の守護神」へと転じた田中氏が、日本の社会と司法が抱える矛盾を先鋭的に体現した法曹人だったのは間違いない。そしていうまでもなく、検察捜査の手法と実態を知悉《ちしつ》している人物でもある。

最近は自身の半生を綴《つづ》った著書『反転　闇社会の守護神と呼ばれて』（幻冬舎）がベストセラーとなって話題を集めた田中氏だが、石橋産業事件では二〇〇八年二月に最高裁が田中氏側の上告を棄却して実刑が確定、田中氏は獄に下った。また、収監直後には大阪地検特捜部が別の詐欺事件で、田中氏を再び逮捕している。

そんな田中氏を「日本の司法を考える会」ワークショップに招いたのは二〇〇七年八月のことだった。田中氏は討論の中で自らの弁護士としての活動を「反省をしている部分はあるが、後悔はしていない」と振り返り、現場経験にもとづいた検察捜査の実相を率直に吐露してくれていた。

1

田中氏は、ワークショップの冒頭で次のように明かした。

「東京地検特捜部の捜査は、『まずストーリーありき』なんです。もちろんすべてそうであるわけではないけれど、大きな事件では特にその傾向が強い。実際に捜査をしていくうちに思いもよらない事実が出てきても、特捜部は修正することを許さない。筋書きと違う事実は無視し、筋書き通りの事件につくり上げていく。筋書きを描くのは特捜部長や副部長といった検察幹部だから、途中で軌道修正はできない。でも、これほど多くの人が『ストーリーありきの捜査で事件をつくられた』と訴えるようになったのは、検察にとって相当に深刻な事態だと思いますよ」

最近になって検察捜査のターゲットとなった人々の多くが「検察の描くストーリーに合わせて事実と異なる事件がつくられた」と訴えているのは、これまで本書に登場したゲストの訴えを見れば明らかだと思う。検察が狙い定めたターゲットを塀の内側に落とすために無理矢理つくり上げたような事件が横行する一方、本来暴かれるべき疑惑に蓋《ふた》をするかの如き不透明な捜査が目につくことも紹介してきた。

田中氏自身、こうした検察捜査のありようが検察を去る要因の一つになったと語る。

「(検察の上層部から) 筋書きを押しつけられると良心の呵責《かしゃく》が出てくるが、大きな事件になればなるほど自分の良心や正義感を殺さなくちゃならない。それがどうしても我慢できなかった。こうした捜査手法を仕方ないと思わなければ特捜(検事)は務まらないし、良心が痛んでも我慢してやっていれば検察の中で出世していくことができる。僕は性格的にどうしてもそこが吹っ切れなかった」

だが、いったい何故、東京地検特捜部の捜査にこうした手法が目立つようになったのか。田中氏によれば、理由は大きく二つある。一つは永田町との関係。もう一つが検察組織そのものが抱える病理である。この両者はまた、相互に密接な連関性を持っている。

田中氏の話を続ける。

「(田中氏がもともと在籍していた) 大阪の特捜部と異なり、東京(の特捜部)は何を捜査しても永田町の影が背後に見えてくる。検察といえども行政官庁であり、体制側の一員に過ぎない。だから組織を守るためには、永田町を意識せざるを得ない。たとえば、東京の特捜事件はほとんどが国会での質問事項になるから、捜査の本格着手前には幹部が事件の筋書きを描いて検察上層部や法務省に送らねばならない。この筋書きと実際の捜査結果が途中で変われば、国会やメディアに突っつかれ、内部でも幹部の評価が落ちてしまう。だから現場の検事も筋書き通りの調書を取ることを強いられるし、どうしても無理矢理に筋書きありきの捜査を押し通していくことになってしまう」

加えて、検察上層部に官僚的な検察エリートがはびこることが捜査の歪《ゆが》みを深めていく。

「（検察の）トップはほとんどの場合、現場を知らない検察エリートばかりです。東大を出て幹部へのレールが敷かれているような官僚検事は当然、現場検事とはまったく別の発想をするようになる。保身を第一に考え、組織と体制の安定を優先する。僕だって現場の捜査が検察組織に影響を与えるくらいの政治判断は予想できるし、組織を守るために必要なのかもしれんけど、検察とは本来、政治判断などに迎合せず、突っ込むべき時はあえて突っ込んで行くべきじゃないんでしょうか」（田中氏）

多くの人は特捜検察に「巨悪」を摘発する最強の捜査機関だ、という神話を抱いてきた。だが、突き詰めてみれば、検察といっても体制の一角に組み込まれた行政機関に過ぎない。上層部に捜査現場を知らぬ官僚的な検事がはびこれば、保身や政治的な打算によって捜査を容易に歪めて恥じることはない。詳しくは後述するが、田中氏は東京地検特捜部に在任中、そうした事例を数々経験してきたと振り返る。

2

とはいえ、検察幹部の描く筋書き通りの事件をつくり上げるためには、当然のことながら被疑者や参考人から「筋書き通りの供述」を引き出さねばならない。この点をあらためて尋ねると、田中氏はあっさりと「供述なんてどうにでもなるんですよ」と言い切って苦笑いした。

「どうにでもなると言ったら語弊があるけれど、実際に供述なんてどうにでもできる。そこが検事のテクニックです。（被疑者を説得して）調書にサインさせるのが検事の仕事だから、正直、ありとあらゆる手を使いますよ。怒鳴り上げることもあれば、懐柔することもある。参考人ならば『お前も少し（拘置所に）入ってみるか』って脅したり、トリックみたいなことを使うことだってある。特に特捜の検事はそういうテクニックに長《た》けている。特捜に捕まっても調べに応じないとか、（調書に）署名しないなんて、そんなことができるのは一〇〇〇人に一人もいないんじゃないですか」

日本の刑事司法制度も、こうした検察捜査を構造的に裏支えしている。たとえば、容疑を認めない限り保釈も認めない「人質司法」の悪弊については繰り返し指摘してきたが、検察のターゲットとされた人々の幾人もが保釈を望むあまり偽りの「自供」

に追い込まれたと憤り、「とりあえず容疑を認め、法廷で真実を訴えようと思ってしまった」と吐露している。

また、検事と被疑者という圧倒的な力関係の下、密室で延々と受ける長時間の取り調べの過酷さに耐えかねて、事実と異なる調書にサインを強いられたと明かす被疑者も多い。たとえ身に覚えのない容疑を押しつけられても、起訴されれば九九%超が有罪になるという事実を前に、早期の保釈と執行猶予を狙った方が得策だとの打算から検察の取り調べに屈するケースも後を絶たない。

田中氏を囲んでのワークショップでは、KSD事件で検察捜査のターゲットとなった元参院議員の村上正邦氏が取り調べ経験をあらためてこう振り返った。

「私の事件も『先に筋書きありき』でつくられたと思っているが、何しろ初めての体験だから、(検事に)やられっぱなし、言われっぱなし。何度も怒鳴られて、時には『私と弁護士とどっちを信用するのか。私を信用しろ』などと迫ってくる。そのうち、検事の心証を少しでも良くしようという気持ちになってきたこともありましたよ」

これを聞いた田中氏は「勾留《こうりゅう》されている被疑者はだんだん不思議な心理状態に陥るんです」と語り、検事の立場から見た被疑者の心理を次のように解説した。

「弁護士といったって、取り調べ中に会えるのは一日にわずかな時間で、無味乾燥な事件の話しかできないでしょう。ところが、検事からは朝から晩まで連日取り調べを受け、さまざまな話をするわけです。外と遮断された人間は、近くにいる人間にだんだんと情が移っていくものなんですよ。時には検事が自分の良き理解者のようにすら思えてくる。これも取り調べのテクニックなんですが、検事も自分のことを心配しているんだなぁと思うようにもなる。そのうち『検事に悪く思われないようにしようか』なんてね。中には、連日繰り返し検察の描く筋書きを検事から刷り込まれ、本当に自分もその通りだと錯覚していく被疑者すらいましたよ」

もちろんすべての事件がそうでないにせよ、歪んだ調書が生み出される素地は構造的に用意されている。そしてまた、歪んだ調書といえども検事がつくるそれは実に具体的で、臨場感にあふれ、理路整然としたものに仕上がっていく。いやむしろ、歪んでいるからこそ、過剰に具体的で理路整然としたものになる、と田中氏は言う。

「具体的で理路整然につくろうと思ったら、いくらでもつくれますから。まさにそこが検事の腕の見せどころだし、一番長けているのが特捜部ですよ。特捜の取る調書は非の打ちどころがないほどキレイ。作家以上の作文をつくります（笑）。特捜検事がつくった調書を読めば、事件のスジがキレイに見えてくるような気になる。時には調書の信用性を増すため、細かい部分をわざと間違えることだってあるんですから」

かくてつくられた調書は、法廷において絶大な信頼を得る。たとえその調書が真実からはかけ離れた歪んだ代物であっても、法廷ではほとんど絶対的な重みを与えられる。仮に被告人が法廷で調書と異なる真実を必死に訴えても一蹴《いっしゅう》されてしまうケースが圧倒的で、ここにも日本の司法が抱える問題点が存している。「調書主義」とも呼ばれる悪弊である。

3

田中氏が続けて指摘した。

「よく考えてみてほしいんですが、（被告人が法廷で）裁判官の前で言うことと、検事による調書のどちらが果たして正しいのか。現在の日本の裁判は、法廷よりも検事の前で喋《しゃべ》ったことが正しいということが前提になっているんです。法廷で調書と異なる訴えをしても、聞き入れられることなんてほとんどない。いくら裁判で真実を訴えても、検事に調書を取られたら、それで終わりなんです。どんな弁護士でも覆すのは容易じゃない。物証でもあれば別だけど、供述なんてどうにでもなる。実際に冤罪《えんざい》となった事件でも、常に問題となるのは供述なのに、それを裁判所も見破れない。これは日本の司法制度と法律が抱える最大の問題です。冤罪をなくすためには、この現状を根本から変えないとだめだと思う」

これまでのワークショップの議論からも明らかなように、密室での長時間にわたる取り調べにおいて、検事は被疑者に対して圧倒的優位な立場にある。強制捜査によって膨大な証拠を集めることもできるし、保釈や執行猶予の獲得などをエサにちらつかせて恫喝《どうかつ》し、懐柔をすることもできる。時には被疑者の弱みに付け込み、司法取引まがいの取り調べが行なわれている。

一方、弁護士の活動は限界だらけである。「闇社会の守護神」とまで言われた田中氏も弁護士に転身した直後、「ものすごい無力感を覚えた」と語る。

「検事はどんな証拠だろうと集められるが、弁護士はそれができない。私も弁護士になった途端、検事時代は好き勝手にできたなぁって無力感を覚えましたよ（苦笑）。検事の手元にある証拠だって、都合の悪い証拠は検察が隠して出さないでしょう。だからこそ、（刑事裁判において検察が起訴した事件の）九九・九％が有罪になる。せめて検察が押収した証拠をオープンにすべきなんです」

田中氏の指摘に対し、弁護士でもある自民党衆院議員の早川忠孝氏も口を開いた。

「供述に頼りすぎている日本の司法は大変危ない。本来は罪に問われるべきでない人々が法廷でもがき苦しみ、真実を通すことができないまま終わるケースがある。私自身の弁護士経験からも、弁護側の防御権をしっかり確保しておかないと正義は守られないと感じている。ただ、裁判員制度の導入によって司法の独善をなくそうという試みも行なわれようとしているし、保釈について言えば本来、刑事訴訟法を厳密に運用すれば権利保釈という制度がきちんとある。裁判官がもっと法に忠実になるべきではないんでしょうか」

しかし、この見方に田中氏は懐疑的だ。

「運用でどうにかなるレベルじゃない。権利保釈制度にしたって、今のままで運用を変えろと言っても裁判官が検事の顔ばっかり気にしているのが現実でしょう。(検察が一部の事件で試行をはじめている)取り調べの『可視化』にしても、都合のいいところだけ可視化すれば、余計に(調書の)信用性が増すような事態が起こりかねない。小手先の改革じゃダメだ。やるんだったら根本的に法律を変えなければならないと思う。調書の信用性をどう見るかというのは、現在進められている司法改革にとって極めて重要ですよ」

4

それにしても、検察が「はじめに筋書きありき」の姿勢で事件をつくり上げ、容疑を認めない限り保釈も受けられず、法廷での訴えよりも検事による調書が圧倒的に重きを置かれるという刑事司法の現状は、あまりに救いがない。しかし田中氏は、検察組織——中でも特捜検察が内包する病理はもっと根深いところにある、と指摘する。

「(事件を)つくり上げて罪なき人に濡《ぬ》れ衣《ぎぬ》を着せるのはもちろん大問題だし、微罪で引っ掛けて逮捕するのにも問題はある。しかし、実はそれよりも『事件があるのにやらない』、あるいは『肝心なヤツを見逃す』ということの方がよっぽど問題だと思う。目の前に事件があるのにやらない。政治家なんかから言われるだけじゃなくて、(検察内部で)潰《つぶ》すんです。永田町の方ばかり気にかけているような人が検事総長や検事長になれば、現場から事件が上がってきても、みんな潰しにかかる。捜査に対する考え方が基本的に違うんですから」

田中氏は現職の検事時代、事件捜査が外部からの圧力や検察内部の力学によって歪《ゆが》められていく現場を数々目撃し、何度も苦汁を舐《な》めてきた。

若手検事時代には、贈収賄事件の捜査に政治家から直接圧力を掛けられたこともあった。ある市長選をめぐる選挙違反事件では、上司からやんわりと捜査中止を持ちかけられたこともある。田中氏が捜査対象としていた市長陣営に検察最高幹部の親戚《しんせき》がいる、というのが理由だったという。

東京地検特捜部ではさらに醜悪な場面に何度も出くわした。

田中氏が関わった事件のうち、政界に多額のカネが流れたと噂された平和相互銀行事件は、「はじめに筋書きありき」の捜査に固執する検察上層部の意向で銀行経営陣の背任事件に矮小化《わいしょうか》され、背後にちらついた政界への捜査にはストップがかかり、結局は平和相銀を吸収合併した住友銀行を利するかのような結果で収束させられた。田中氏にとって検事生活最後の事件となった福岡・苅田《かんだ》町《まち》町長の汚職事件もやはり、中央政界を視野に入れつつあった捜査が検察上層部の判断で無惨に握り潰された。

この直前に田中氏が独自に端緒を掘り起こし、数々の大物政治家の影が見えていた三菱重工転換社債事件も、真相はうやむやのまま捜査が頓挫《とんざ》させられた。高値での売り抜けが可能な転換社債を政治家にバラまいたとされる疑惑に本格捜査のメスが入れば、大型疑獄事件に発展するのは必至だったが、特捜部の捜査に横槍《よこやり》が入れられたのだという。

田中氏は当時を振り返り、政界からの圧力に加えて、三菱重工の顧問弁護士に検事総長なども務めた大物検察OBが座っていたことなどが原因だったと推測する。

「人間の社会だからね。検事総長をやったようなOBの偉い人から頼まれれば、そりゃあ特捜だって一歩も二歩も引くんじゃないの」

そう言って苦笑する田中氏だが、すぐに真剣な表情に戻ると、ワークショップの参加者を前にこう訴えた。

「そういう時に引かなければ特捜に長いことといられないし、引かないような検事は組織の中で上に行けない。検察エリートの発想は結局、検事ではなく官僚のそれなんですよ。検察幹部になるような連中は捜査の現場を知らず、ほとんどを法務省勤務で過ごす。だから時の権力者と同じような発想をし、体制の安定を専一に考える。国益に反すると思えば（捜査を）自制する。政界や財界の中枢を傷つけるような捜査は極端に嫌うんです。私はそれがイヤで辞めてしまったけれどね」

これを「闇社会の守護神」と呼ばれた男の主張だと一蹴《いっしゅう》してしまうのはたやすい。だが、検察捜査に精通した田中氏の指摘に耳を傾ければ、日本の刑事司法や検察組織を取り巻く闇の深さもほの見えてくる。

そんな田中氏が詐欺罪に問われている石橋産業事件も、「目障りな田中」を除去するために検察が事実を歪《ゆが》めて繰り出した捜査だった疑いは拭《ぬぐ》えない。実際、検察側立証には不合理な点も多々あるのだが、一審、二審とも田中氏に有罪判決を下し、最高裁も二〇〇八年二月に上告を棄却、田中氏は今、刑に服している。

もとより、弁護士としての田中氏の活動に非難すべき部分があったとの見方を否定するつもりはない。ただ私には、田中氏が率直に明かした検察のありようにこそ、日本の刑事司法に巣食った真の病理が存しているように思えてならなかった。

★文庫版追記

「日本の司法を考える会」のワークショップに参加して間もない二〇〇八年三月末に収監されてしまった田中森一氏は、その後に別の詐欺容疑でも追起訴されて有罪が確定し、二〇一二年一一月に仮釈放されるまで四年以上の服役生活を強いられた。もちろん弁護士資格も失ったが、現在は論語に関する著作を発表するなどの活動を続けている。

第10章　西山太吉

検察が主導して隠蔽に走った国家の犯罪

にしやま・たきち　一九三一年生まれ。山口県出身。慶応大学法学部卒。同大学院修士課程（国際政治学専攻）を修了後、毎日新聞社に入社。経済部を経て政治部記者となり、首相官邸や自民党、外務省などを担当する特ダネ記者として鳴らした。しかし、沖縄密約をめぐる「機密漏洩《ろうえい》事件」で逮捕・起訴され、一審判決後に同社を退社。以後、郷里に戻って沈黙を貫いていたが、近年は沖縄密約の実態や事件の不当性などを訴える講演や執筆活動に取り組んでいる。

【沖縄密約（外務省機密漏洩）事件】

沖縄返還協定が調印された一九七一年、『毎日新聞』の政治部記者だった西山氏は、沖縄返還をめぐる外務省の極秘公電を入手した。公電は、沖縄返還にあたって米側が支払うべき軍用地の復元補償費四〇〇万ドルを日本側が肩代わりする、という密約を裏付けるものだった。

西山氏は密約の存在を指摘する記事を書く一方、当時の野党・社会党側に公電を提供し、同党の横路孝弘・衆議院議員がこれを国会で暴露、政府に対して密約の有無を追及して波紋を広げた。

しかし、公電の入手元が外務省勤務の女性事務官だったことで世論のムードは一変した。西山氏は「情を通じて」公電を入手したと批判を浴び、世間の関心は「密約の有無」より「男女関係」に集中。西山氏は事務官とともに国家公務員法違反罪（漏洩教唆）で逮捕・起訴された。

一審は女性事務官が有罪（控訴せず確定）、西山氏は無罪となったが、二審は西山氏にも執行猶予つきの有罪判決を言い渡し、最高裁も西山氏の上告を棄却して有罪が確定している。

ところが、二〇〇〇～〇二年に密約を裏付ける米公文書が次々発見され、当時の日米交渉を担当した外務省元局長も密約を認める発言をして波紋を広げた。

西山氏は二〇〇五年、「違法な起訴で名誉を傷つけられた」として国を相手に損害賠償を求める訴訟を起こしたが、東京地裁は賠償請求権は消滅しているとして訴えを棄却。判決は密約の有無にはふれておらず、日本政府は今なお密約の存在を否定し続けている。

「私は裁かれたが、『国家の犯罪』は何も裁かれていない。政府は今も事実を隠蔽《いんぺい》し、私だけを制裁して責任逃れを続けている」

約三五年前、不当な罪科によってペンを奪われた老ジャーナリストが低い声で呻《うめ》いた。一九七一年に調印された沖縄返還協定をめぐる「外務省機密漏洩事件」で、国家公務員法違反の罪に問われた元『毎日新聞』記者の西山太吉氏である。

西山氏に襲いかかった事件の概略と経過は一七三ページに別記したが、その本質は「機密漏洩事件」などでは断じてない。事件は本来、「沖縄返還をめぐる日米の密約事件」と記録されるべきものだった。

沖縄返還の背後で日米が取り交わした密約を裏付ける外務省の極秘公電。『毎日新聞』の政治部記者だった西山氏が手に入れたブツは、当時の佐藤栄作・自民党政権の存亡を左右しかねない最高機密だった。

しかし、西山氏のネタ元が外務省の女性事務官だったことが流布されると社会のムードは急変した。捜査に乗り出した検察などが繰り出す巧みな情報操作にメディアも踊り、世論の関心は西山氏と女性事務官の「関係」に集中し、「密約事件」は「機密漏洩」というスキャンダルに矮小《わいしょう》化され、西山氏はジャーナリズムの舞台から放逐されたのである。

それから三五年余――。郷里に戻って沈黙を貫いてきた西山氏が「違法な起訴と誤った判決で名誉を傷つけられた」と訴え、国を相手に損害賠償を求める訴訟を起こしたのは二〇〇五年四月二五日のことだった。密約を裏付ける米国の公文書が相次いで見つかったことなどを機に、老ジャーナリストは再び口を開きはじめた。西山氏の提訴後には、かつての外務省幹部も密約の存在を認める証言をメディアに寄せ、大きな波紋を広げた。沖縄返還をめぐる日米の密約は今、誰が見ても疑いようのない事実となっている。

ところが西山氏が起こした訴訟をめぐって一審・東京地裁が二〇〇七年三月二七日に下した判決は「請求棄却」。二〇〇八年二月二〇日の二審・東京高裁判決も同様であり、最大の焦点である密約の存否については言及すらしないまま、「賠償請求権はすでに消滅している」と一蹴《いっしゅう》した完全なる門前払いだった。冒頭に紹介した呻きは、一審判決直後に西山氏が憤懣《ふんまん》を滲《にじ》ませながら発したものである。

西山氏の事件は今なお多くの意味を我々に投げかけている。国家とメディア。外交と機密。取材とは何か。「知る権利」はいかに守られるべきか。

また、密約という国家犯罪の隠蔽に検察と裁判までが加担し、三〇年以上も「無謬《むびゅう》」に固執し続けている姿は、本来果たすべき行政へのチェック機能を喪失した司法の歪《ゆが》みが集約されている。「日本の司法を考える会」ワークショップが西山氏をゲストに招き、約三五年も前に起きた事件を取り上げてみようと考えたのは、当時の検察捜査が強い「国策性」を孕《はら》んでいたことに加え、今もって密約を認めない政府と、それに追随するだけの裁判所の姿が、現在にも通じる刑事司法の病巣を照射しているように感じられるからだった。

1

ワークショップの冒頭で西山氏はこう訴えた。

「私の事件は、『国策捜査』なんていう言葉じゃ甘いくらいです。行政と検察、司法までが一体となった『国家の組織的犯罪』だった。検察そのものが犯罪者になったんです」

西山氏の言う「国家の組織的犯罪」とはもちろん、一義的には当時の佐藤栄作政権が米国と取り交わした密約のことを指す。だが、西山氏の取材などによって綻《ほころ》びかけた密約を覆い隠す作業に検察と裁判所が加担し、捜査の過程でも法廷の場でも隠蔽を積み重ね続けた。沖縄返還から約三五年。密約の存在は数々の証拠や証言によってすでに明白な事実となっているにもかかわらず、政府も司法も断固としてそれを認めようとしない。

西山氏が『毎日新聞』の記者となって一六年目にあたる一九七一年に入手した外務省極秘公電には、米側が支払うべき四〇〇万ドルの軍用地復元補償費を日本側が肩代わりするとの密約を示す記述があった。だがこれは、沖縄返還にあたって日米両国が取り交わした密約群のごく一部に過ぎなかった。

沖縄返還協定は米側資産の買い取りや核兵器撤去費用などを名目とし、日本が米国に三億二〇〇〇万ドルを支払うことなどが定められた。しかし、二〇〇〇〜〇二年に米国立公文書館で相次いで見つかった米側公文書などによれば、日本側は軍用地復元補償費四〇〇万ドルのほかに米政府系ラジオ放送局VOA（Voice of America）の施設移転費一六〇〇万ドルも肩代わりすると密《ひそ》かに約していた。

また、円＝ドル交換にともなう外貨預け入れといった形で財政・経済的な多額資金を提供することも米側に約し、これ以外に米政府が沖縄に貯蔵していた核兵器の撤去を決める見返りとして、有事の際は核兵器の緊急搬入と貯蔵を認めるとした「核密約」が存在したことなども判明している。

こうした密約群は、米軍への「思いやり予算」や最近の米海兵隊グアム移転費用の日本側負担、さらには安倍政権下での集団的自衛権の行使容認検討など、今に続く対米従属構造と日米軍事一体化の原点が沖縄返還にあったことを指し示している。

西山氏もワークショップでこう訴えた。

「私が摑《つか》んだ軍用地復元費用（の密約）というのは氷山の一角でした。はっきり言えば、（沖縄返還協定の）全部に虚構があった。これはすべて違法、違憲の秘密なんです。だけど、認めてしまったら内閣《いんぺい》は潰《つぶ》れる。だから検察も一体となって裁判に臨み、徹底的に偽証することで犯罪を隠蔽したんです」

密約が一部でも露呈してしまえば、国会を欺いて協定を締結した佐藤政権の責任論が浮上するのは必至だった。そこで当時の検察は、密約の隠蔽を狙う政権と一体化して捜査に突き進み、西山氏と女性事務官を逮捕すると巧みな情報操作を繰り出した。

「当時の検察には、政府側の犯罪を追及するなんていう意思はまったくなくて、問題を私の『取材論』にすり替え、そっちに全部目が向くように誤摩化し、（裁判でも）偽証で押し通した。間違いなく、すべてをアレンジしたのは検察でした」（西山氏）

2

検察が問題をすり替えるために編み出したのが、〈情を通じて〉というフレーズだった。検察内部でもさまざまな議論はあったようだが、西山氏に関する起訴状には女性事務官から極秘公電を入手した経緯が次のように記され、メディアや世論のムードは一変していく。

〈女性事務官と密かに情を通じ、これを利用して……〉

〈ホテルに誘って情を通じ……〉

事件の本質を「密約の有無」から引き離し、「男女関係」や「取材倫理」をめぐるスキャンダルへと歪める検察の狙いは見事なほど的中した。続けて西山氏の話。

「(検察側は)これをやったら絶対世論は変わる、と考えた。そうしたら案の定、一気に潮流が変わった。(政府と検察は)手を叩《たた》いて喜んだでしょう。日本のジャーナリズム、メディアなんて、その程度のものなんだっていって舌を出して笑ってね……。検察も問題だけれど、ジャーナリズムだってその程度だったんです」

密かに情を通じて——このフレーズを当時、東京地検特捜部の検事として発案し、起訴状に書き込んだのが二〇〇七年まで参院議員を務めた故・佐藤道夫氏だった。その佐藤道夫氏が参院議員在職中、かつて西山氏から公電の提供を受けて国会で佐藤内閣を追及した横路孝弘氏と同じ民主党に属していたのは時代の皮肉というほかはないが、起訴をきっかけとして『毎日新聞』には批判が殺到し、社の経営基盤が大きく傾く要因になるほどの大ダメージを受けた。

また、当初は「密約の有無」と「知る権利擁護」に軸足を置いて政府を追及していた他のメディア報道も急激に変質し、西山氏は孤立した。世論の非難の矛先も佐藤内閣でなく、西山氏に向けられていったのである。

西山氏を囲んでのワークショップに参加していた元参院議員の平野貞夫氏は当時、衆院事務局に勤務していた。平野氏は佐藤政権の思惑について、

「あのころ私は権力の裏側にいましたが、（佐藤政権は）嘘をつこうが何しようが、とにかく押し切れ、というムードだった。日本に民主主義なんてないな、と腹の中で憤ったことを覚えています」

と振り返り、作家の宮崎学氏もこう語った。

「〈情を通じて〉というフレーズで潮目がガラッと変わってしまった。今もそうだが、メディアは常にそういう絶妙の情報操作やリークに食いつき、何の考えもないまま乗せられてしまうところがあるんじゃないだろうか」

宮崎氏が指摘する通り、こうしたメディアの病理は三五年前に限った話ではない。今もメディアはしばしば検察をはじめとする当局リークに食いつき、踊らされ、事の本質を見失って迷走する。一方で最大の情報源となっている検察などへの批判はタブー化し、病は以前より深まっているようにすら見える。

また、西山氏に襲いかかった事件とメディアの問題についてさらに踏み込んで考えるなら、取材という活動の根源論を掘り起こしてみる必要があるようにも思う。

メディアの取材活動とはそもそも、常に一定の「違法性」を包含している。特に守秘義務の壁に囲まれた政府当局者などへの取材に関しては、職務上知り得た情報を引

き出そうと試みる作業が違法性と背中合わせの行為であることは論をまたない。なのにメディアが西山氏の取材を倫理面から声高に詰《なじ》るのは、自らの首を絞めるも同然の愚行だったのではないか。

それでも西山氏はこう言う。

「公電の入手方法といった『取材論』が議論となるのはいい。私を非難するのだって一向に構わない。だけど、あの事件の本質とは果たして何だったのか。『機密』とはいったいどんなものなのか、っていうのが最大問題だったはずでしょう。本来はそれを徹底追及するのがジャーナリズムの本旨であるはずなのに、これを（メディアは）一切やめてしまい、私の『取材論』に矮小化《わいしょう》してしまった。ジャーナリズムの自殺行為だった」

3

前記したように、沖縄返還をめぐる日米密約の存在は、最近相次いで米国公文書館などで見つかった文書群に加え、当時の日本政府当局者も事実を認める告白をするに至っている。証言の主は、外務省アメリカ局長として返還協定の交渉にあたっていた吉野文六氏である。

これまで密約を一貫して否定してきた吉野氏は二〇〇六年二月、『北海道新聞』の取材に応じて交渉当事者として初めて密約の存在を認め、「佐藤栄作首相の政治判断によるものだった」と明らかにしている。同紙が特ダネとして吉野証言を報じ、大きな波紋を広げたのは同年二月八日のことだった。それでも政府と司法は、断固として密約の存在を認めない。引き続きワークショップでの西山氏の話。

「密約はすべて違法、違憲の秘密であり、吉野証言は『とどめ』ともいえるものでした。しかし、私が起こした損害賠償請求訴訟では、一歩でも（密約という）本質論に踏み込んだら、違法秘密を認めざるを得ない。結局は（賠償請求権の消滅という）入り口でシャットアウトするしかなかったんでしょう」

密約の存在を裏付ける公文書が交渉の一方の当事者である米国で公開されたにもかかわらず、日本側の態度は変わらない。原則として三〇年を経過した外交文書は日本でも公開されることになっているが、沖縄返還をめぐる関連文書は今も非公開とされたままである。仮に外交交渉における機密の必要性を認めたとしても、後に解除されて検証できることが大前提であることなどいうまでもない。まして裁判もそれに追随し、今なお「密約」の存否へと踏み込まないのは、三権の一角にそびえ立って行政権力をチェックすべき司法の役割を放棄しているに等しい。それは同時に、検察の判断に追随してばかりいる現在の裁判の姿とも重なり合う。

ところで、極秘公電を入手した当時の西山氏の行動をめぐっては、以前から私の胸に引っかかっていた疑問があった。

西山氏は極秘公電を入手後、密約の存在を示唆する記事を『毎日新聞』紙上で書いてはいるが、それを裏付ける決定的証拠ともいうべき公電そのものは記事化していない。入手した公電それ自体を特ダネとして報じ、密約を紙面上で明確に追及しなかったのは何故か。また、野党だったとはいうものの、社会党側に公電を提供したのは何故だったのか。これは、取材活動が政治利用されることにつながる行為ではなかったか――。

こんな問いをぶつけると、西山氏は憤って反論した。

「当時、(密約の存在を追及する記事は) 私だけしか書いていない。ほかは『朝日』も『読売』も全然書いていないんです。仮に『毎日』が極秘公電の写真を撮って載せても、政府は『見たことも聞いたこともない』と否定するだろう。情報源が発覚する可能性もある。(情報源探しの) 捜査も行なわれるだろう。となれば、新聞に書くことだけが能ではない。最後はどうやって情報を (人々に) 伝えるかが大事なんです。もちろん社会党側からのアプローチもあった。こうした状況の中、密約の存在をどうやって (人々に) 伝達するかと考えたとき、国権の最高機関である国会で論議させるのも (情報) 伝達の方法だと判断したんです」

そう言う西山氏の行動や方法論には賛否があるだろう。結果的にいえば、西山氏が最後まで紙面上で勝負せず、野党に公電を提供したことが世論の批判を増幅させることになったのも否めない。

ただ、入手した情報はどんな手段を使っても人々に知らせようと考えた、という西山氏の訴えには、私も心からの共感を表したい。組織としての大手メディアや記者クラブの枠内に閉じこもり、伝えるべき情報を抱え込んで発信しようともしない凡百の組織ジャーナリストに比すれば、手に入れた極秘情報を最終的に何とか人々に知らしめたかった、という西山氏の訴えの方が遥《はる》かに誠実で、記者としての正義に適《かな》った態度だと思えるからである。

4

実に三〇年を超える沈黙を破って行動を開始するに至った西山氏。一審、二審ともに門前払いを食らった損害賠償請求訴訟では、判決を不服として最高裁に上告した。また、最近は各地での講演などでも忙しく飛び回っている。ワークショップでは、自らがペンを奪われるきっかけとなった密約問題ばかりでなく、沖縄や日米関係の現在と未来についても熱く語り続けた。

「沖縄の米軍基地負担の軽減と言うけど、どこが負担軽減なのか。普天間飛行場が（名護市の）辺野古沖に移転されるというが、あの飛行場は一九六六年に米国がほしいといって図案をつくったものと同じ。完全に米国の思惑通りなんです」

「二〇〇七年四月二二日に沖縄で投開票された参議院補欠選挙は、恐らくこの一〇年の沖縄で一番大事な選挙だった。ところが投票率はわずか四七・八一％。極端な無関心です。選挙結果よりも、その方がよほど恐ろしい。これでは情報操作などやり放題でしょう」

先ごろは、日米の密約を含む沖縄返還の実態と問題点を総ざらいした著書『沖縄密約』（岩波新書）も出版した。「徹底して書いた」（西山氏）という同書は、最近になって明らかになった密約を裏付ける米公文書を詳しく紹介し、沖縄返還から現在の米軍基地再編までの「日米の軍事一体化」の状況を抉《えぐ》り出した労作となった。

「国民に事実を知らせず、情報操作で世論を誘導する政府の姿勢は今も変わらない。法廷でも継続して闘っていきます」

ワークショップの最後にそう語った西山氏はすでに七〇代半ばになった。しかし、三〇年以上もペンを奪われ続けた老ジャーナリストの闘いは再開したばかりである。その表情には、かつての特ダネ記者の情熱が戻りつつあるようにも見えた。

★文庫版追記

西山氏が国を相手取って損害賠償などを求めた訴訟は、東京地裁が請求を認めなかったのに続き、東京高裁も最高裁も西山氏の訴えを退けた。しかし、その後に西山氏らが密約文書の情報公開請求を行なったところ、国側が「不存在」を理由に非開示処分としたため、その処分取り消しなどを求めて作家の澤地久枝氏らとともに二〇〇九年三月、再び提訴する。また、同年夏の民主党政権が発足したことなどによって、局面は大きく動き始めた。

民主党政権の外相に就いた岡田克也氏は二〇〇九年九月、密約の事実関係調査を外務省に命じた。これを受けて発足した同省の有識者委員会は間もなく、「広義の密約」の存在を認定する報告書をまとめた。

東京地裁ではじまった非開示処分の取り消し訴訟では、二〇〇九年一二月、かつて外務省アメリカ局長として沖縄返還交渉にあたった吉野文六氏が出廷して密約の存在をあらためて認め、原告の西山氏と握手を交わした。二〇一〇年三月には、衆院外務委員会（当時の委員長は鈴木宗男氏）が歴代の外務事務次官らを参考人質問し、西山氏もこれに出席して熱弁を振るった。

そして二〇一〇年四月、東京地裁がついに密約の存在を認め、国に関連文書の全面開示を命ずる判決を言い渡したのである。判決直後に西山氏は、「これ以上の判決はない。超完全勝利だ」と言って満面の笑みを見せた。

ところが国側は判決を不服として控訴し、東京高裁は二〇一一年九月、一転して原告側敗訴の逆転判決を言い渡してしまう。司法はふたたび行政の隠蔽《いんぺい》行為を追認したことになり、西山氏らは怒りを露《あらわ》にしたが、高裁判決は一方で次のようにも指摘している。

〈情報公開法の施行前に、(外務省が密約関連の文書を)秘密裏に廃棄したり、保管から外したりした可能性が高い〉

つまり外務省などは、国家の重要文書を勝手に廃棄してしまったのではないか、と公然と指弾したのである。原告側は判決を不服として上告しており、沖縄返還密約をめぐる西山氏らの闘いは現在も続いている。

第11章　中山信一

事実無根の虚偽事件を捏造した警察・検察の犯罪

なかやま・しんいち　一九四五年、鹿児島県生まれ。地元の中学校を卒業後、曽於《そお》郡志布志町《しぶしちょう》（現・志布志市）で焼酎《しょうちゅう》の製造や農産物の加工、肥料の販売などに関する会社を経営し、志布志町商工会長なども務めた。二〇〇一年から志布志町議となり、二〇〇三年四月の鹿児島県議選では自民党の現職県議らを破って当選。しかし、鹿児島県警と同地検の捏造《ねつぞう》による選挙違反事件で逮捕、起訴され、県議を辞職した。無罪確定後の二〇〇七年四月の県議選に再出馬し、返り咲いている。

【志布志での公選法違反事件】

二〇〇三年四月に実施された鹿児島県議選をめぐり、鹿児島県警と地検は同県曽於郡志布志町（現・志布志市）を舞台に事実無根の「選挙違反事件」を捏造した。

定数三の曽於郡区から立候補して当選した中山氏。その支援者が住民にビールや焼酎を供与したと睨《にら》んで捜査に着手した県警と地検は、計一三人を公選法違反罪で逮捕、起訴（一人は公判中に死去）した。最終的な起訴事実となったのは、中山氏と住民が選挙期間中の同年二月から三月までに四回の買収会合を開き、計一九一万円の現金を授受していた、とするものであった。

県警の取り調べに対して中山氏ら七人は、買収などの容疑を一貫して否認したが、過酷な取り調べに耐えきれずに六人は「自白」調書に署名。しかし、公判廷では全員が否認に転じ、県警のデタラメ捜査が徐々に明らかとなっていく。その実態は驚嘆すべきものだった。

長期間の勾留《こうりゅう》を強いられた被疑者に対し、捜査官が脅迫まがいの言動で事実無根の自白を迫ったのはもとより、虚偽の供述調書を作成して嘘や誘導で署名を強要。思い詰めた被疑者の一人が「警察は何も聞いてくれない。死んだ方がましだ」と言い残して自殺を図るほどだった。家族のメッセージなどが書かれた紙を踏みつけさせる「踏み字」を強要された被疑者もいた。

結局、二〇〇七年二月に鹿児島地裁は「客観的証拠がまったくない」と、全員に無罪を言い渡した。

これほど虚偽にまみれた捜査が何故に罷《まか》り通ってしまったのか。鹿児島県の曽於郡志布志町《しぶしちょう》（現在の鹿児島県志布志市）で二〇〇三年に起きた「公選法違反事件」の実態を知れば、誰もがそう嘆じてしまうに違いない。鹿児島県警と同地検の捜査はそれほどの不正と杜撰に満ちていて、まさに「犯罪的捜査」と評すべき代物だった。

県警と地検が捏造した「事件」の舞台となったのは、この年の四月に実施された鹿児島県議選である。同県の東部に位置する曽於《そお》郡区から出馬して初当選を果たした中山信一氏と支援者らが県議選をめぐって買収を繰り広げたとして進められた捜査はしかし、何から何までがデッチ上げによる虚構だった。

県警はまったく根拠のない容疑事実をつくり上げて一〇人を超える無辜《むこ》の市民を逮捕し、地検もこれを起訴した。警察捜査の行き過ぎを制御すべき検察がチェック機能を果たさなかったばかりか、暴走する警察と一体となって積極的に犯罪行為に加担したのである。

だが、鹿児島県警と地検による「事件捏造」の過程を仔細《しさい》に見ると、日本の刑事司法制度に巣食う深刻な病理が背後に横たわっていたことにも気づかされる。虚偽にまみれた捜査の被害者となった中山氏の話に耳を傾け、事件から透け見える司法の病理の実相を点検してみよう。

1

「この事件は『冤罪《えんざい》』などではありません。『警察の犯罪』です。警察が絵を描き、まったく根拠のない容疑事実を検察とともにつくり上げたんです」

決して激高するわけではない。むしろ物静かに、訥々《とつとつ》とした口調でワークショップ参加者に語りかける中山氏だが、時折低く絞り出すような声で訴える姿に警察・検察への憤懣《ふんまん》と不満が今も沈殿しているように感じられる。

二〇〇三年四月に実施された県議選をめぐって中山氏と支援者らに襲いかかった鹿児島県警の捜査。その真の端緒が何であったのかは今も藪《やぶ》の中だが、中山氏陣営の選挙運動に関して県警に寄せられた「タレ込み」が原因となったらしい。要は対立候補陣営などから流されたガセ情報を真に受けた県警が捜査に着手し、検察も一体となってデタラメ捜査に突き進んだ——という構図である。

事件の詳細は一九一ページに別記したが、県警は捜査二課の警部を中心として大々的な捜査態勢を組み、やはり捜査二課出身の署長が率いる地元・志布志署とともに事件の捏造へと邁進《まいしん》した。

中山氏が言う。

「逮捕された直後は、やっていないことだからすぐに帰れるだろうと思ったのですが、家内まで逮捕され、一年一ヵ月も勾留され、どうしようもできなかった。本当に許し難い」

最終的に鹿児島県警によって逮捕、起訴されたのは中山氏を含む計一三人。いずれも身に覚えのない罪を必死に否定したが、県警の捜査員たちは気が遠くなるほど長時間の聴取を密室の中で強い、脅迫まがいの罵詈《ばり》雑言を浴びせ、「自白」を迫り続けた。「バカ、認めろ」「この嘘つき野郎」「認めなければ親も子も逮捕だ」「俺に乗ればいいところ（落としどころ）に連れて行ってやる」……

被疑者となった人々は「長時間の聴取で疲れ果て、何も考えられない状態だった」「いくら否定しても捜査官はまったく聞く耳を持たなかった」と口々に振り返っている。中山氏もこう語る。

「最初に（取調官から）『お前の会社は潰《つぶ》れる』『裁判は三、四年かかるから弁護士費用は億単位だ』などと脅されました。やってもいないことを認めるわけにはいかないので否認し続けたけれど、警察は『とにかく認めろ』の一点張り。精神的にも、肉体的にも、ほとほと疲れ果ててしまって……」

中山氏の支援者として取り調べを受けた川畑幸夫氏（ホテル経営）の場合、取り調べ最中に家族の名前やメッセージを書いた紙を無理矢理に踏ませる「踏み絵」まがいの行為を強要された。また、弁護士の解任を誘導された被疑者や、苛烈《かれつ》な取り調べに堪えかねて自殺を図る被疑者まで出た。中山氏が強引な取り調べの中で「一番辛《つら》かった」と振り返るのは、捜査員から平然と語られたこんな嘘だった。

「奥さんは認めたよ。お前も自供しろ」

中山氏と同時に逮捕された妻・シゲ子さんも連日激しい取り調べを受け、心底疲弊していた。そんなシゲ子さんの「自供」を捜査員から告げられた中山氏は、言いようのない不安に襲われて激しく動揺した。やっていないことを妻が認めるはずがない。ひょっとすると妻の身に何かが起きたのではないか。中山氏の話を続ける。

「家内が嘘をつくはずがないし、体調でも崩したのかと思って、とんでもないことになってしまったって……。間もなく（接見に）来た弁護士さんから『いや、奥さんは頑張っているよ』と聞いて安心しましたけれど、あの時は本当に辛かった。一歩間違えれば私も（容疑を）認めてしまっていたかもしれません」

脅迫と嘘で「自白」を迫っても落ちないと見るや、県警の捜査官は泣き落としにまで出た、と中山氏は言う。時に涙を浮かべながら「とにかく一度でいいから認めてくれ」と言って土下座する捜査官。「でもやっていないんですから。やっていないことを認めるなんてできるわけがない」と中山氏――。

これほど滅茶《めちゃ》苦茶な捜査にもかかわらず、過酷な取り調べと脅迫に疲れ果て、逮捕・起訴された一三人のうち六人は意に沿わぬ「自白調書」にサインさせられている。当初の「自白」では一回とされていた買収会合が間もなく四回に変遷し、関係者証言もそれに合わせて都合良くねじ曲げていくほどにデタラメ極まる取り調べでつくり上げた調書だったが、県警は事実無根の買収会合に出席した人々の服装や持ち物、料理のメニューまでを事細かに再現した。

のちに明らかになったところによれば、「自白」した六人に対する県警の聴取時間は、平均で一人当たり計五五〇時間にも及んでいる。関係先への捜索も延べ五〇回に上ったが、「自白」を裏付ける物証など何一つ出ていない。

にもかかわらず、鹿児島地検も県警と歩調を合わせ、立件に突き進んだ。たとえば『朝日新聞』の鹿児島版（二〇〇七年四月二〇日付）はこう伝えている。

《〇三年県議選に絡む公職選挙法違反事件で、朝日新聞が入手した県警の内部文書から、鹿児島地検と県警が元被告（引用者注・逮捕された一三人のうちの一人）の自白内容の矛盾がわかる捜査資料を提出しないよう口裏合わせをしたり、捜査報告書を改ざんしたりした疑いが強いことがわかった》

そう、県警の行き過ぎをチェックすべき地検も、「共犯」となって捏造《ねつぞう》に加担したのである。

中山氏によれば、県警内部などにも捜査への疑義を示す捜査員はいたという。だが、事件捏造に狂奔する黒《くろ》健治・志布志署長（当時）をはじめとする県警幹部がそれを押さえつけてしまった。中山氏の話を受け、かつて国家公安委員長を務めた元衆院議員の白川勝彦氏があきれ気味に口を開いた。

「この事件はあまりにも酷《ひど》い。冤罪事件といえば、一部のけしからん警察官に問題があって起きることが多いが、この事件は違う。志布志署、県警本部、さらには警察機構そのものがおかしくなっていなかったら、こんな事件をつくりたくてもつくれるものじゃない」

元参院議員の筆坂秀世氏の意見も同様だった。

「捜査員レベルではなく、署や県警全体が異常でなければ起こり得ない。これに検察も一体となってしまっている」

警察・検察の姿勢はもちろんデタラメに過ぎる。だが、デタラメな捜査を許してしまう下地は、司法システムの中にも潜んでいる。

2

二〇〇三年六月四日に逮捕された中山氏の保釈がようやく認められたのは、翌二〇〇四年七月二日になってからのことだった。勾留《こうりゅう》期間は実に三九五日にも及んでいる。

この間、裁判所は八回に上る中山氏側の保釈申請をことごとく退け、接見禁止処分の期間も七ヵ月に達した。中山氏と同時に逮捕された妻・シゲ子さんも二七三日間にわたって勾留されるなど、他の被疑者も長期勾留を余儀なくされている。

中山氏らの保釈申請に対し、検察側が反対理由に挙げたのは例によって「口裏合わせによる罪証隠滅の恐れ」だった。だが、この事件で「口裏合わせ」によって事件を捏造したのは警察・検察の側であり、保釈も自白強要のエサに利用されたことがわかっている。いわゆる「人質司法」の悪弊が典型的に現れていると言ってもいいだろう。

だが、裁判所は検察の言い分を追認するだけで保釈申請を却下し続けた。二〇〇七年二月に鹿児島地裁が中山氏らに無罪判決を言い渡した直後、当時の鹿児島県弁護士会長がこう言って当の裁判所までを批判したのも当然だったろう。

《裁判所は検察庁の言うがままに、安易に逮捕状、勾留状を発行した。人権保障の砦《とりで》たる役割を放棄したとの誹《そし》りは免れない》

弁護士でもある元衆院議員の早川忠孝氏も、ワークショップでこう指摘した。

「まず、検察が警察の主張をチェックしなければならないが、警察の言いなりになってしまうのが問題でしょう。裁判所も安易にそれを認め、保釈にも応じない。裁判所が自分の役割を放棄してしまっているところにも大きな問題があると思います」

鹿児島県警のデタラメな取り調べを許した原因を考える上で、もう一つ指摘しておかねばならないのが「代用監獄」の問題点である。

警察の留置場を拘置所代わりに運用する代用監獄システムは、被疑者を二四時間警察の管理下に置いた形で取り調べが行なわれることになるため、虚偽の自白を招く素地になると長らく批判されてきた。今回の事件でも代用監獄の弊害は見て取れる。『朝日新聞』の鹿児島県版（二〇〇七年三月一三日付）はこんな事実を伝えている。

《藤元さん（引用者注・県警が逮捕した被疑者の一人）は弁護士の助言で、逮捕後の二〇〇三年四月二九日から取り調べの様子を大学ノートにつけ始めた。（略）弁護側の狙いは取り調べの状況を記すことで、自白の強要があったことを裁判の証拠に使うことだった。だが、ノートは留置場のロッカーに預けられ、出し入れは警察官に頼まなくてはならない。（略）しかも、県警はノートの存在を察知すると、差し押さえてしまった。（略）捜査関係者は「留置の担当の警官が、取り調べの刑事にノートをつけていることを教えた」と話す》

警察が二四時間管理する代用監獄だからこそ、メモを残すという被疑者側のささやかな防御策すら阻害され、警察は思惑通りの取り調べが可能となってしまう。その上、裁判所までが警察・検察の言うがままに長期勾留を認め続ければ、捜査が暴走した際の歯止めは無きに等しい。

こうした問題を根本解決するため、警察・検察・裁判所の健全な緊張関係の再構築が必要であることはいうまでもないが、まずは「人質司法」や「代用監獄」の改善、さらに取り調べの「可視化」といった刑事司法制度の具体的改革を早急に進めることも必要だろう。中山氏もこう言い切る。

「もし取り調べが完全に可視化されていれば、私たちのケースのような酷い事件がつくられることはなかったと思います」

3

すでに紹介したように、捜査当局による聴取の様子をビデオなどで記録しようという取り調べの「可視化」は、日弁連などの強い要求などもあって二〇〇六年から検察捜査の一部で試行がスタートしている。警察も近く試行をはじめる予定だが、対象となる事件はあくまでも一部に過ぎず、限定的な状態での「可視化」はむしろ、捜査側立証に有利な材料として使われるだけだとの懸念も強い。

しかし、中山氏が訴えるように、参考人なども含む取り調べの全面可視化が実現すれば警察や検察の暴走に対する貴重な歯止めになることは間違いなく、ワークショップ参加者も、口々にその必要性を指摘した。

自らもＫＳＤ事件で逮捕、起訴された元参院議員の村上正邦氏は、

「今の裁判が最も重視するのは検事と一対一の場でつくられる調書です。法廷で何を言っても調書が最優先されてしまうような現状の中では、どのように調書がつくられたかを判断するためにも可視化が絶対必要でしょう」

と訴え、白川勝彦氏も次のように語った。

「事実関係について（捜査当局と被疑者の間で）争いのない事件はともかくとしても、争いのあるものは取り調べの全過程を記録すべきだ。酷い取り調べをやって、（被疑者が）落ちてから都合のいいところだけ記録しても意味がない」

これに対し、衆院法務委員会理事として司法制度改革にも関与してきた早川忠孝氏がこう言い切る。

「中山さんの話を聞きながら、可視化はなんとか導入を進めていかねばならないと感じた。ただ、今の警察は可視化になかなか抵抗が強い。（可視化を）どうやって実現していくのか、戦略が必要だと思う」

ワークショップでは、相も変わらずデタラメ捜査に突き進む警察組織を根本的に改革するための方途についてもさまざまな意見が提示された。本来は警察の民主的管理のため設置されている公安委員会制度の機能再生を図るべきではないか、と指摘したのは作家の宮崎学氏である。

「長野県で田中康夫知事の時代、松本サリン事件の犯人にされかかった河野義行さんを県の公安委員に任命した。河野さんのケースはあまりうまく機能しなかったけれど、市民オンブズマンとして活躍している人々などが公安委員に選ばれるようになれば（警察に対する）『抑止力』になる」

これに早川氏も「非常に重要な指摘だと思う。国家公安委員も役所（警察庁）が選ぶというような現状を変えるべきだ」と同意し、冤罪《えんざい》をつくりだした警察や検察当局者の責任を明確に問うべきだとの声も相次いで出された。

「冤罪事件の場合、国家賠償を求めるという考えもあるが、国家賠償といっても出所は税金ですよ。むしろ捜査当局の責任、さらには『個人責任』をきちんと追及するシステムをつくらなくてはならない」（筆坂秀世氏）

「これこそまさに『個人責任』じゃないか。冤罪をつくった当事者が責任をどう取るのか。警察・検察の幹部はどう責任を取るのか。役所は常に個人責任を取らない。警察だったら退職金をもらい、検事だってヤメ検弁護士に転身していく。こんなバカな話はない。徹底的に責任を追及するべきだ」（村上正邦氏）

いずれももっともな指摘だろう。中山氏らの事件をめぐっては、取り調べで「踏み字」を強要した濱田隆広・元警部が特別公務員暴行陵虐罪で在宅起訴されたものの、事件捏造《ねつぞう》の旗を振った黒健治・志布志署長や捜査班長の磯辺一信警部が口頭注意など軽微な処分ですまされたのをはじめ、稲葉一次・鹿児島県警本部長も国家公務員法上の懲戒処分にあたらない警察庁長官による厳重注意処分を受けたにとどまっている。

また、黒署長や磯辺警部に関しては、大手メディアなどもほとんど実名で報じていない。ありもしない容疑を捏造された挙げ句、長期の過酷な調べに晒《さら》されて生活を破壊されかけた被疑者たちとの差は、あまりに大きい。中山氏が溜《た》め息まじりに言う。

「警察や検察からは、いまだに私たちに対して直接の謝罪すらない。現状のままではまた警察は嘘をつきます」

4

中山氏を囲んでのワークショップには、ともに逮捕、起訴された妻のシゲ子さんも参加していた。静かに議論に聞き入っていたシゲ子さんだったが、最後に発言を促されると必死の様子でこう訴えた。

「私は鹿児島中央署の留置場に入れられ、主人は鹿児島西署に入れられました。私の留置場から見て、（中山氏がいる西署は）こっちかなと思いながら毎日、『一緒に頑張ろう』って祈っていました。私も二七三日勾留《こうりゅう》され、精神的にも体力的にも限界でしたが、やっていないのだから必ず勝てるっていう信念がありましたから」

志布志事件で鹿児島地裁が無罪判決を下し、ようやく中山氏らの潔白が証明されたのは二〇〇七年二月二三日のことだった。判決は事件の存在自体を事実上否定したが、鹿児島地検は控訴すらできず、無罪判決は確定している。これに先立つ〇七年一月には、富山県でも女性暴行事件の犯人として服役した男性の冤罪が判明し、警察や検察に対する不信は一挙に高まった。

両事件などを受けて警察庁は「適正捜査の徹底を図る」と訴え、捜査部門以外に取り調べを監視・監督させることなどを盛り込んだ「指針」を取りまとめている。だが、いずれも弥縫策《びほうさく》にすぎず、中山氏は「身内で監視しても問題解決などにはならない」と言い切る。

一方、検察側も最高検察庁が二〇〇七年八月一〇日になって異例の報告書を出した。報告書の中で最高検はこんな「再発防止策」を掲げている。

・身柄拘束期間の長期化に十分留意する。
・自白に安易に頼ることは厳に慎む。

いずれもあまりに当然過ぎる「防止策」ではあろう。

しかし、ワークショップの中で指摘されたような数々の悪弊を温存したままでは、類似の冤罪が今後も起きるに違いない。「人質司法」の是正はもちろん、取り調べの「全面可視化」や「代用監獄」の見直しなど、悪弊の根本改善こそ、司法制度改革に求められる最重要の課題にほかならない。

★文庫版追記

事件の取り調べで「踏み字」を強要して特別公務員暴行陵虐罪で起訴された濱田隆広・元警部は二〇〇八年三月、懲役一〇月・執行猶予三年の有罪判決が福岡地裁で言い渡された。濱田元警部は控訴したものの、福岡高裁も一審の判断を支持し、有罪判決は確定している。

一方、中山信一氏らは国と鹿児島県を相手に損害賠償を求める民事訴訟を起こしており、法廷での闘いは現在も続いている。中山氏らはまた、各地の集会などに出席して取り調べの「可視化」を訴える活動にも奔走している。

第12章　細野祐二

50回もの「テスト」で証人を洗脳した特捜検察

ほその・ゆうじ　一九五三年生まれ。早稲田大学政経学部卒業後、一九八三年に公認会計士登録。一九七八年から二〇〇四年までKPMG日本（現・あずさ監査法人）および英国ロンドンで会計監査とコンサルタント業務に従事した。二〇〇四年に東京地検特捜部によって逮捕・起訴されたが、一貫して無罪を主張し、法廷での争いを続けている。二〇〇六年に公認会計士・細野祐二事務所を開設。ベストセラーとなった『公認会計士vs特捜検察』（日経BP社）のほか、『国際金融取引の実務』（中央経済社）などの著書がある。

【細野祐二氏をめぐる事件】

大手監査法人に所属する公認会計士だった細野祐二氏が東京地検特捜部に逮捕されたのは二〇〇四年三月九日。会計監査などを長く担当していた東証一部上場の害虫駆除会社「キャッツ」を舞台に起きた株価操縦事件が引き金だった。

一九七五年に設立されたキャッツ社は、二〇〇〇年に東証一部上場を果たした新興企業だった。しかし、〇四年に同社株をめぐる株価操縦事件が発覚すると特捜部が強制捜査に乗り出し、キャッツ社の元社長らを証券取引法違反（株価操縦）容疑などで逮捕、起訴した。

特捜部は続いて、細野氏についても同法違反（虚偽有価証券報告書の提出）容疑で逮捕・起訴した。少々複雑だが、特捜部が細野氏逮捕のために描いた構図の概略は次のようなものだった。

株価操縦の過程で仕手筋に渡ったキャッツ社株を買い戻すため、元社長は細野氏と共謀し、六〇億円のカネをキャッツ社から借り入れたことを隠蔽《いんぺい》。二〇〇二年九月期と〇三年三月期の決算で虚偽の有価証券報告書などを作成した――。

細野氏は一貫して無罪を主張しているが、二〇〇六年三月の一審・東京地裁判決は、検察側立証を全面的に認めて懲役二年・執行猶予四年を言い渡した。

細野氏は控訴し、一審段階で検察側立証に沿った証言をした元社長らが次々と逆転証言するに至ったが、二〇〇七年七月に下された二審・東京高裁の判決も一審を支持、控訴を棄却している。

公認会計士vs特捜検察──。二〇〇七年の末、そんなタイトルを冠した書籍が出版され、司法関係者の間で話題を呼んだ。著者は公認会計士の細野祐二氏。東京地検特捜部によって逮捕、起訴された細野氏が検察捜査の歪《ゆが》んだ実態を赤裸々に明かし、真正面から不当性の告発に踏み切ったのである。

その内容は驚くべきものだった。いや、正確に記せば、二〇〇七年の初頭から続けられてきた「日本の司法を考える会」ワークショップにおける議論を「裏付ける内容」だったと言えるかもしれない。

「はじめに筋書きありき」の姿勢で突っ走る事件づくり。密室の中で恫喝《どうかつ》や脅迫を弄《ろう》し、保釈などを餌に事実と異なる「自白」を強いる取り調べ。司法取引まがいの手法まで駆使してねじ曲げられていく調書──。細野氏に襲いかかった特捜検察の捜査もやはり、随分酷《ひど》い虚飾と歪曲《わいきょく》にまみれた代物だったようである。

1

「とにかく驚きました。今の検察の取り調べは、刑事訴訟法に定められた手続きすらまったく守られていない。中でも一番驚いたのは、『自白調書』のつくられ方です」

東京地検特捜部の歪んだ捜査の実態について、細野氏はあきれ顔で振り返りながら議論の口火を切った。辣腕《らつわん》の公認会計士らしく理路整然とした話し振りが印象的だが、自らに襲いかかった検察捜査への憤懣《ふんまん》が発言の端々に滲《にじ》む。

細野氏をめぐる事件の詳細は二〇九ページにも別記したが、まずは東京地検特捜部が細野氏逮捕のために描き出したストーリーを簡単に振り返っておこう。

二〇〇四年初頭、東証一部上場の害虫駆除会社だった「キャッツ」を舞台とする株価操縦事件の捜査に乗り出した東京地検特捜部は、同年二月にキャッツ社の元社長らを証券取引法違反（株価操縦）容疑で逮捕すると、同三月九日にはキャッツ社の会計監査などを担当していた細野氏も同法違反（虚偽有価証券報告書などの提出）容疑で逮捕した。元社長らが株価操縦をしていたことを知りながら、元社長らと共謀して粉飾決算に協力し、虚偽の有価証券報告書を作成した――これが特捜部の描いた事件の構図だった。

しかし、細野氏にとってはまったく身に覚えのない容疑だった。株価操縦の事実など知らなかったし、決算書は適正適切に作成した。少し調べれば潔白を裏付ける物証はいくらでもある。そう言って必死で反論したが、参考人としての取り調べ段階から検察は細野氏の訴えに耳を傾けようとせず、机を叩《たた》いて怒鳴り、恫喝し、ひたすらに「自白」を迫り続けたという。

細野氏の話。

「密室で長時間の取り調べを強い、執拗《しつよう》に人格攻撃をし、一方的に『自白』を迫ってくる。高血圧で水分を定期的に補給しなければならない私にとってつらかったのは、水を飲ませてもらえないことでした。でも、水を飲みたければ自白しろと言われて……。まるで拷問でした」

検察の描く筋書き通りの「自白」を迫る検事に対し、必死の反論を繰り返す細野氏。そんな取り調べが続いたある日、検事は唐突に一〇枚ほどの分量の調書を細野氏に示した。細野氏の「自白調書」だったという。

《私は今まで罪に問われるのが怖くて嘘を言っておりました。しかし、検事さんの話をいろいろ聞き、本当のことを言わねばならないと思いました……》

そんな書き出しではじまる「自白調書」は、細野氏がキャッツ社の粉飾決算に《やむなく》関与することになったなどと容疑事実を全面的に認める内容が記され、こんな風に締めくくられていた。

《……残された自分の人生は、反省と被害者の救済に尽くしていきたいと思います》

まったく言ってもいない「自白調書」に心底驚き、憤った細野氏は、疲労困憊《こんぱい》の中で何度も必死に反論した。

「こんなことは申し上げていないじゃありませんか！」

「いや、君が言ったんだ」

「申し上げておりません！」

「ほう、じゃあ何が違うんだ？　訂正には応じるから、何が違うのか言ってみろ」

「全部違うじゃないですか。事実はこうですと、何度も申し上げているじゃありませんかっ！」

しかし、細野氏が自身の知る事実関係を再び説明しはじめると検事は「そんなことは聞いてない！」と怒鳴り散らすだけだったという。要は検察の描くストーリー通りの「自白」でなければ認めない、それを認めた上ならば若干の軌道修正ぐらいには応じてやってもいい、ということのようだった。

続けて細野氏が言う。

「検察は最初っから筋書き通りの『調書』をつくり、署名を迫ってくる。自白なんてしなくても『自白調書』はできてしまうんです。取り調べ検事が漏らしたところによれば、私の場合は全部で四種類の『自白調書』が作成されていたようです。この時に示されたのは、その中でも最も罪が『軽い』ものだったと思われます」

あらためて明記しておけば、刑事訴訟法は一九八条で、調書作成に関してこう定めている。

《取り調べに際しては、被疑者に対し、あらかじめ、自己の意思に反して供述をする

必要がない旨を告げなければならない》
《被疑者の供述は、これを調書に録取することができる》
《調書は、これを被疑者に閲覧させ、または読み聞かせて、誤りがないかどうかを問い、被疑者が増減変更の申し立てをしたときは、その供述を調書に記載しなければならない》
《被疑者が、調書に誤りのないことを申し立てたときは、これに署名押印することを求めることができる。但し、これを拒絶した場合は、この限りでない》
この諸条文に沿って常識的に考えれば、供述調書とは被疑者が喋《しゃべ》ったことを検事が取りまとめ、読み聞かせるなどをした上で被疑者の申し立てに沿って修正を施し、最終的に被疑者が納得すれば署名・押印する、という手順で作成されるはずだろう。しかし、実態はまったく違う——そう言って細野氏が抗議すると、取り調べ検事がこう言い放ったこともあったという。
「検察官面前調書は被疑者の言うことをそのまま書くものではない。事実を調べるための被疑者と検事の合作なんだ。したがって調書には検事も署名する。被疑者が署名し、検事も署名するのだ」
微妙な言い回しだが、調書とは検察の描く筋書きに合わせて「つくるもの」だと認めたに等しい発言ではなかったか。

2

ワークショップに参加していた弁護士出身の自民党衆院議員・早川忠孝氏は、衆院法務委員会の理事を務めていた。細野氏の話に聞き入っていた早川氏も、こう言って溜《た》め息をついている。

「言っていないことでもキレイに作文した上で『こうだろう』と迫り、（被疑者が）『はい』と応じれば、言ったことになる。しかも、作文でつくられた『調書』だけで事件を見れば、キレイ（なストーリー）になってしまう。だから、（弁護側としては）調書にサインさせないことが一番重要なんです」

だが、ほとんどの被疑者は署名に応じてしまう。いや、たとえ事実と異なる内容であっても、署名に応じざるを得ない状況に追い込まれていくのである。これまでワークショップに参加したゲストの何人かも事実と異なる調書への署名を強いられ、やむなく署名に応じてしまったと振り返っている。

細野氏も、自身が逮捕されるまでは「やってもいないことを『自白』するはずなんかない」と思っていたという。

「私は最終的に署名せずにすみましたが、それほど精神的に強い人間ではないし、本当にたまたまに過ぎません。実際、ああしたやり方で（検察に）迫られれば、誰でも署名させられてしまうでしょう。誰でも、です」

つくり上げた筋書き通りの調書に署名させるため、検察はありとあらゆる手段を駆使し、被疑者を追いつめていく。罵倒《ばとう》や恫喝《どうかつ》。説得や懐柔。あるいは双方を織り交ぜながら巧みに……。

「検察官の話っていうのは、実に説得力があるんですよ」と振り返る細野氏によれば、取り調べ検事はたとえば、こんな風に繰り返し説いてきたという。

「検察庁が逮捕した以上、必ず起訴する。検察が起訴すれば、九九・九％は有罪だ」

「そうやって否認して最高裁まで争うなどと言っているが、裁判に何年かかると思ってるんだ？」

「お前はまだ若いじゃないか。監査法人は除名され、新聞に書かれ、もう十分に酷《ひど》い目にあったじゃないか。こんなものは認めて執行猶予を取るんだ」

「すべて認めてやり直せ。否認したり争わないということなら、検察庁としてもお前の処分を考えるし、罰金刑ということもあり得るぞ」

「みんな『細野さんは立派な先生だ』と言っている。お前は偉いヤツだ。しかし、事件というのは偉いヤツが責任を取らねば収まらない。お前はやっていないと言い張っているが、道義的責任はあるだろう。責任を認めて男になったらどうだ」……

検察官の言う通り、日本の刑事司法において検察が起訴に踏み切った際の有罪率は九九％を大きく超える。これ自体、極めて問題のある数字であることは後述するが、検事は保釈や求刑などでの手心もエサや恫喝の道具としてちらつかせる。逆らえば実際に保釈を得られず、裁判でも「反省がない」とみなされて刑が重くなってしまいかねない。

細野氏が苦笑して振り返る。

「検事の話を聞いていると、なるほどなぁと思うわけですよ（苦笑）。私にとってみれば、無実かどうかなんて関係なく、事実として九九・九％は（裁判に）勝てない。『自白調書』に署名すれば起訴後に即保釈となるが、否認すれば保釈されず、実刑にもなりかねない。私も否認を続けたがゆえに一九〇日に及ぶ勾留《こうりゅう》を強いられたし、（裁判に）長い時間がかかるというのもその通りです。また、私が公認会計士として指導してきた会社が事件になったことは間違いないわけで、『お前も何か悪かった』と言われれば、『そうかなぁ』という気持ちにもなってしまう」

実際、細野氏の共犯とされたキャッツ社の元社長らも保釈や執行猶予というメリットを得たい一心で全員が事実と異なる調書に署名してしまった、と細野氏は言う。

「でも、私はそれを責める気にもなりません。ああしたやり方で迫られれば、誰でもそうしてしまうでしょうから……」

3

さて、細野氏の事件をめぐっては、検察側の驚くべき振る舞いが公判廷で発覚し、さすがの大手メディアも問題点を指摘したことがあった。常軌を逸した「証人テスト」である。

検察が事件を起訴して公判がはじまると、検察・弁護側の双方が自らの主張を裏付けるための証人を公判廷に呼び、尋問を試みる。多くの場合、証人は事前に検察などと証言の打ち合わせなどを行なう。これを刑事司法に関わる者たちのジャーゴン(隠語)で「証人テスト」と呼ぶ。

「一般の人がいきなり法廷に行っても緊張して証言ができないようなこともある。(事前に)リハーサルをしてもいいし、むしろ望ましいとされているんです」(ワークショップに参加した大手紙司法担当記者)

確かに刑事訴訟規則には、

《証人の尋問を請求した検察官または弁護人は、証人その他の関係者に事実を確かめる等の方法によって、適切な尋問をすることができるように準備しなければならない》(一九一条の三)

との定めもあり、これ自体は司法手続きの中で問題視されるべき行為ではない。ただ、度を超した「証言テスト」が施されれば、証言の真実性は歪《ゆが》められかねない。過度の「テスト」は証人の記憶を捩《ね》じ曲げ、時には塗り替え、検察の思うがままの方向に誘導していくことも可能となるからである。

過去の記録を繙《ひもと》けば、一九八一年には詐欺事件をめぐる仙台高裁での公判で、検察官が証人に二七回もの「証人テスト」を行なっていたことが明らかとなり、無罪を言い渡されたこともある。ところが細野氏の公判で証人に施された「証人テスト」は、これをはるかに上回るものだったという。

細野氏の事件を振り返ると、一審・東京地裁の公判で検察側の立場から細野氏の「犯罪」を裏付ける証言を行ったキャッツ社の元社長らが、二審・東京高裁の公判では次々に証言を翻し、細野氏の「犯罪」を否定するに至《こた》った。事実をありのままに述べてほしい――そう訴える細野氏の必死の説得に応え、元社長らがギリギリの判断を下してくれた結果だったが、そうした経過の中で常識はずれの「証人テスト」が明らかになってきたのである。

細野氏の話。

「逆転証言をしてくれるようになった元社長らに『一審の時はどうだったんですか』と尋ねたら、何と四〇回から五〇回も『証言テスト』をさせられたというんです。二、三カ月ほどの間のことですから、二日とあけずにやるわけです。一回あたり（の時間は）四〜五時間。『こういう風に聞きますから、こう答えてください』という調子で、答えはノートに書き込ませ、『てにをは』まで完全に、徹底的に暗記させられる。間違えると思いっ切り怒られ、『テスト』が終わるとノートは廃棄させられる。公判の後には検事のところに行き、反省会までやらされたそうです」

細野氏はこの話を聞かされた際、元社長からこんなアドバイスまで受けたという。

「細野先生、弁護士を替えた方がいいと思います。あれじゃ勝てません。だって、検事が（証人テスト用に）つくった想定問答の中に、先生の弁護士の（反対尋問の）質問が全部ありましたから」

これほど緻密《ちみつ》な「証言テスト」につきあわざるを得ない証人たちは、いずれも検察の脅迫と説得を受けて「自白調書」に署名してしまった人たちでもある。いわば検察に弱みを握られており、命令に従わねば報復を受けかねないとおびえる立場にある。

再び細野氏が言う。

「そんな人たちに『求刑で執行猶予が得られるようにしてやる』『ほかの背任事件は許してやる』などと水を向けて、実に四〇回から五〇回にも及ぶ『証人テスト』をやれば、誰でも完璧《かんぺき》な証言をするようになるでしょう。だから私は公正な裁判を受けたという気がしません。弁護人が反対尋問を行なったのは証人ではなかった。証人は自分の記憶にもとづいて語っておらず、答えを用意したのは全部検事だったんですから」

元社長に関しては、「証言テスト」に呼び出された日程を手帳にメモしていたため、二審の公判では手帳を証拠として提出することができた。また、細野氏は一審公判後から無罪を立証するための証拠・証言集めに自ら奔走し、粉飾決算を「共謀」したとされる日にはアリバイがあることなども明らかとなった。

だが、それでも裁判所は検察の主張に追従するだけだった。有罪率九九％超という刑事司法の壁は、あまりに厚い。

4

細野氏は公判廷で無罪を訴えて特捜検察と闘ううち、九九％超が有罪となる現在の刑事司法に疑問を抱き、日本の刑事司法史における過去の有罪、無罪率を調べてみたことがあったという。それによると、明治後期の刑事裁判で五・六％、大正年間で四・七％、太平洋戦争前でも二・五％の無罪判決が下されていた。もちろん戦前とは司法制度自体に差異はあるが、戦後で見ても一九四六～五九年には一％の無罪判決があった、と細野氏は訴える。

「しかし、これがどんどん下がっていき、現在は〇・一％です。このまま行ったらいったいどうなるんですか？　絶対ゼロに近づくんでしょうか？　そもそも人間のつくった制度で絶対ゼロなんてありえないでしょう。九九・九％なんて、まるで『金の純度表示』じゃないですか」（細野氏）

この訴えに応じ、弁護士でもある元衆院議員の白川勝彦氏もこう指摘した。

「現状では、検察官も起訴した以上は有罪にしないと無能のように言われるし、裁判官もよほどのことがないと無罪の判断を下せない。どうも『司法の安定』というようなフィクションの中に日本の刑事司法が落ち込み、壊死《えし》してしまった感がある」

もっともな指摘だろう。そして細野氏の憤懣《ふんまん》は、こうした現状に疑義を唱えないメディアにも及んでいる。ワークショップの最後に細野氏がこんな風に指摘したのは、大手メディアで長く禄《ろく》を食《は》んだ私の胸にも深く突き刺さった。

「日本の事件報道は『逮捕即有罪』を前提としていて、これでは長い時間をかけて仮に無罪を勝ち取ったとしても、名誉回復など不可能です。また、控訴審の過程で数多くの司法記者と接触しましたが、驚いたことに彼らは、不当な取り調べによる事件歪《わい》曲《きょく》や裁判の問題を熟知しているんです。知っていながら報道しない。九九・九％という予定調和の中にメディアも安住し、健全な批判精神を忘れてしまっているのではないでしょうか」

★文庫版追記

細野祐二氏は一審、二審判決を不服として上告していたが、最高裁は二〇一〇年五月三一日、上告を棄却する決定を下した。これによって懲役二年、執行猶予四年とした判決が確定してしまったものの、細野氏は『法廷会計学vs粉飾決算』(日経BP社)、『司法に経済犯罪は裁けるか』(講談社)などの著作で刑事司法の現状にいまも疑義を突きつけている。

第13章　緒方重威

組織防衛に走る法務・検察の餌食とされた大物ヤメ検

おがた・しげたけ　一九三四年、愛知県生まれ。早稲田大学法学部卒業後、二十三歳で司法試験に合格し、検事任官。札幌地検、東京地検などを経て、公安調査庁調査第二部長として在日本朝鮮人総聯合会（朝鮮総聯）の調査も担当する。その後、最高検公安部長、公安調査庁長官を経て一九九五年に仙台高検検事長。広島高検検事長を最後に定年退官し、弁護士となったが、二〇〇七年に朝鮮総聯本部ビルの売買をめぐる「詐欺」事件で東京地検特捜部に逮捕、起訴された。

【朝鮮総聯本部をめぐる事件】

バブル崩壊後に相次いで破綻《はたん》した金融機関と同様、朝鮮総聯系の朝銀信組も各地で破綻し、公的資金が投入された。この債権を引き継いだRCC（整理回収機構）は、債権のうち約六二七億円が実質的に朝鮮総聯向け融資だったとし、債務返還を求める訴訟を東京地裁に起こしていた。

この判決が二〇〇七年六月に言い渡される予定となっており、朝鮮総聯側は代理人の土屋公献氏（元日弁連会長）とRCC側との和解交渉などに取り組んでいた。しかし、RCC側はこれを拒否。在日朝鮮人のシンボルともいうべき本部が差し押さえられかねない状況に陥っていた。

そこで朝鮮総聯と土屋弁護士は、不動産会社「三正」の満井忠男氏を通じて緒方重威氏に相談し、概略で次のような売買スキームを計画した。

まず、緒方氏が代表を務める会社が投資家から資金を集め、朝鮮総聯本部の土地・建物を適正価格の三五億円で買い受ける。売却代金の三五億円はRCCに和解金として支払い、五年後に朝鮮総聯が買い戻す――。

こうしたスキーム自体はバブル期の債務返済に喘《あえ》ぐ企業などでよく行なわれた手法で違法性はない。しかし、安倍首相や自民党が反発し、東京地検特捜部が異例のスピード捜査に着手。差し押さえ逃れの強制執行妨害罪を視野に入れていた。ところが、逮捕されたのは緒方氏と満井氏、資金調達役を担った元銀行員・河江浩司氏の三人であり、容疑は「詐欺」に変質していた。

メディアには一時期、関連の報道が溢《あふ》れ返っていたが、多くの人がいまなお腑《ふ》に落ちない思いを抱えたままなのではないか。在日本朝鮮人総聯合会（朝鮮総聯）本部の土地・建物の売買をめぐり、公安調査庁長官などを務めた緒方重威氏らが東京地検特捜部に詐欺容疑で逮捕、起訴された事件である。

どう考えても、不自然な点ばかりが目立つ捜査であった。

まず、公安調査庁長官や高検検事長を歴任した「大物ヤメ検」の緒方氏が何故、朝鮮総聯本部の売買取り引きなどに関与することとなったのか。また、法務・検察は何故、東京地検特捜部まで動員し、事実発覚から半月にも満たない捜査で元検事長を逮捕するという前代未聞の挙に出たのか。そして何より、「被害者」であるはずの朝鮮総聯側が「騙《だま》されたとは思っていない」と訴えているにもかかわらず、緒方氏らが「詐欺」容疑に問われるという奇態な事件の真相はいったいどこにあったのか——。

ここまで検察や警察の歪《ゆが》んだ捜査を数々検証してきたが、これほど不可解極まる特捜案件も珍しい。実際、この事件を知る司法関係者のほとんどは、特捜部が描き出そうとした構図に強い疑義を感じたはずである。

しかし、東京地裁は二〇〇九年七月一六日、緒方氏に懲役二年一〇月、執行猶予五年の有罪判決を言い渡した。無実を訴えた緒方氏側の主張はまったく顧みられず、検察の描いた奇妙奇天烈《きてれつ》な絵図のみをほぼ全面的に追認したのである。

そこで「日本の司法を考える会」ワークショップは緒方氏を囲み、朝鮮総聯本部の売買に関わった経緯を訊《き》くとともに、検察捜査の背後にあった思惑を検証した。結果、浮かび上がってきたのは、対北朝鮮（朝鮮民主主義人民共和国）政策での強硬姿勢を最大の売り物としていた第一期安倍官邸の影と、官邸や与党・自民党の激しい憤りを忖度《そんたく》して「組織防衛」に躍起となった法務・検察のグロテスクな姿だった。

1

緒方氏らが関与した朝鮮総聯本部をめぐる取り引きの概要については二二七ページに別記した。ごく簡単にまとめれば、組織の拠点である本部ビルが差し押さえに遭いかねない窮状に陥っていた朝鮮総聯に対し、元公安調査庁長官という経歴を持つ緒方氏が〝救いの手〟を差し伸べようとした、ということになるのだろう。

あらためて記すまでもなく、公安調査庁は破壊活動防止法（破防法）に基づき、左右両翼の思想などを掲げる種々の団体の調査・監視活動を行なってきた法務省の外局である。その調査対象団体には朝鮮総聯も含まれており、両者はいわば「敵同士」の間柄と評することができる。

そんな朝鮮総聯本部の売買に関わった理由について、緒方氏はワークショップの中であらためてこう訴えた。

「昭和ヒトケタ生まれの私は、戦後間もない時期に苦労して満州から引き揚げてきた経験があり、祖国や秩序の重要性というものに強い思い入れがありました。だから検事を志し、検察でも公安部門を主に歩み、公安調査庁が朝鮮総聯を調査するのも当然だと考えてきました。しかし一方で、朝鮮総聯本部が日本における北朝鮮の大使館的な役割を果たし、故郷に親族のいる在日朝鮮人の方々にとっては祖国との窓口になっていたことも知っています。祖国や民族を大切に考える在日朝鮮人の方々の気持ちも良くわかる。その総聯本部がなくなってしまえば、彼らを棄民のような状態に追い込んでしまいかねないと思ったのです」

元公安検事であり、公安調査庁のトップまで務めた経歴を持つ人物の言葉としては、にわかに信じ難い部分もある。だが、緒方氏のこの訴えは逮捕以前の会見段階から終始一貫しており、まったくブレを見せていない。また、単純かつ軽佻浮薄《けいちょうふはく》な北朝鮮バッシングの言説ばかりが横溢《おういつ》する昨今の日本国内の風潮を思えば、緒方氏が発する一見アンビバレントな感覚こそ、戦中・戦後の混乱期に塗炭の苦しみを味わった世代に刻み込まれたバランス感覚にも思えてくる。

ただ、緒方氏が朝鮮総聯本部ビルの売買に関わったのは、やはりそれだけが動機ではなかったようである。ワークショップの中で緒方氏は、他の理由についても率直に吐露してくれた。

「（朝鮮総聯本部の）取り引きに関与したころ、私は検察を退官してちょうど一〇年という節目の年でした。退官後は弁護士としてさまざまな事件に関わってきましたが、節目の年に何か人のためになるようなモニュメント的な仕事をしたいと考えていた。それにもう一つ、私の中には公安的な発想もありました」

大物のヤメ検弁護士として人々の記憶に残るような大仕事をしたいという欲望は理解できなくもない。しかし、公安検事として四〇年近くを過ごしてきた緒方氏が抱いていた「公安的な発想」とはいったい何か。

続けて緒方氏の話。

「公安調査庁の幹部として朝鮮総聯を調査、監視してきた立場から考えても、組織の本拠が消滅してしまうことは決して望ましくないんです。本部がなくなれば組織が散り散りとなり、場合によっては地下に潜ってしまって活動が見えにくくなってしまう。むしろ、本部があることは調査する立場からも好都合。率直に言えば、そんな思いもありました」

こうした緒方氏の訴えや考えには、さまざまな立場からさまざまな批判や反論はあろう。また、緒方氏が極めて胡散臭《うさんくさ》い人物たちと深い交遊を持っていたことも事件当時、強い批判の的となった。実を言えば、緒方氏が朝鮮総聯本部の取り引きに関わることになったきっかけをつくったのも、そうした人物だった。不動産会社「三正」社長の満井忠男氏である。

東京・千代田区に本社を置いていた「三正」はバブル期に不動産投資で急成長したものの、他の多くの怪しげな不動産会社がそうだったのと同様、バブルが崩壊すると多額の負債を抱えて経営破綻《はたん》した。同社を率いた満井氏は政界等に人脈を抱えていることで知られ、一九九八年には強制執行妨害で警視庁に逮捕されたこともある。いわゆる「バブル紳士」に分類される人物である。

緒方氏は検察退官後、満井氏の刑事弁護を担当したことをきっかけに親密な関係となった。朝鮮総聯本部の案件を緒方氏のもとに持ち込んできたのも、総聯幹部から相談を受けた満井氏であった。結果、緒方氏は満井氏とともに「詐欺」容疑で逮捕されることになったのである。再び緒方氏の話。

「満井氏のような人物と深い関係にあったことは、検事長などを務めた人間として軽率な点がありました。この点については真摯《しんし》に反省しています。また、私が総聯本部の取り引きに関わった動機にも、さまざまな批判があるでしょう。しかし、満州からの引き揚げ体験などが理由だったというのは決して偽りではないし、私は一連の取り引きの中で違法行為などに一切手を染めていない。ましてや『詐欺』などという汚名を着せられることは断じて容認できません」

2

あらためて振り返れば、東京地検特捜部が緒方氏らに科した「詐欺」の容疑事実は次の二点だった。

（1）資金調達の目処《めど》もないのに朝鮮総聯本部の土地・建物の所有権移転登記を行なって騙しとった。

（2）資金調達のために必要だという名目で朝鮮総聯側から合計四億八四〇〇万円の現金を騙しとった。

しかし、（1）については誰が考えても荒唐無稽《こうとうむけい》な絵図というしかない。かりに朝鮮総聯本部などを騙しとったとしても、おそらくは転売すらできないまま塩漬けにするしかないだろう。現に朝鮮総聯が入居しているのだから、固定資産税を支払いながら抱え込む以外に途《みち》がないような物件である。

また、緒方氏は取り引きの最中、日弁連会長を務めたこともある朝鮮総聯側の代理人・土屋公献弁護士に関連書類や印鑑などをすべて預けていた上、資金調達が不調に終わったことが確実になると直ちに所有権を朝鮮総聯側に戻している。騙《だま》しとるつもりならば、最後まで登記を戻すのに抵抗するに違いない。

一方、（2）の現金詐取については、共犯とされた満井氏に朝鮮総聯側から四億八四〇〇万円が流れ込んでいたのは事実だった。本部買収の資金調達に必要なカネということで渡され、このうち一億円が緒方氏の口座に入金されていたのである。

しかし緒方氏は、朝鮮総聯側から満井氏に現金が渡っていた事実すら知らなかったと訴え、入金された一億円については満井氏側への貸し付け金などが返済されてきたものだと認識していたという。

この訴えの真贋《しんがん》を軽々に断じることはできない。ただ、これに関する緒方氏の主張も一貫しており、何よりも朝鮮総聯側が「緒方氏らに騙されたという認識はない」との立場を示している。朝鮮総聯側代理人の土屋弁護士も同様であり、私の取材に土屋氏はこう語っている。

「私はいまも緒方氏に騙されたとは思っていない。緒方氏に詐欺などをする動機も利得もないし、すぐに発覚するようなことをして晩節を汚すはずがない」

つまり特捜部が描き出したのは、「被害者なき詐欺事件」だった。ワークショップに参加した元検事の弁護士も「こんな荒唐無稽な捜査は前代未聞ではないか」といってうめき声を上げた。

にもかかわらず、東京地検特捜部は緒方氏らを「詐欺」容疑で逮捕した。それも、半月にも満たぬ超スピード捜査で逮捕に踏み切ったのである。どう考えても無理筋の捜査に突き進んだ理由は何だったのか。緒方氏が言う。

「安倍官邸の激しい憤りを忖度《そんたく》した法務・検察の組織防衛でしょう。北朝鮮や朝鮮総聯に対する圧力政策を看板とする安倍政権の下、高検検事長や公安調査庁長官まで務めた私が救いの手を差し伸べるような動きをしたことに官邸と自民党は怒りを爆発させた。それに法務・検察は強い危機感を覚えたんです」

これは何も緒方氏の妄想ではない。状況証拠というべきものはいくつも列挙できる。

3

緒方氏らが総聯本部の取り引きに関与する以前に朝鮮総聯と土屋弁護士は、総聯の債権を引き継いだRCC側と和解に向けた交渉を続けていた。土屋弁護士は当時、交渉に関する克明なメモを残しており、〇六年一一月一四日の項には次のような記述があった。

《金融庁としては、四〇億＋三〇億でOKのニュアンス》

これは計七〇億円の支払いでRCCと朝鮮総聯側の和解交渉が進み、金融庁のお墨付きも得られつつあったことを意味する。また、この直前にあたる同年一一月八日の項に土屋弁護士はこうも記していた。

《官邸の井上という秘書官、当方の案を検討。安倍総理にも相談することになろう》

井上氏とは、安倍首相の懐刀だった井上義行・政務秘書官（当時）である。ところが翌〇七年一月二五日の土屋弁護士メモには、一転してこう書かれている。

《金融庁に会ったが、官邸がダメ　安倍が記者の前で「更地になったら見に行く」》

つまり、七〇億円の線で進められていた和解案は安倍官邸の強い意向でひっくり返された。この後しばらくして取り引きに登場したのが緒方氏だったのである。

そして、総聯本部取り引きの事実がメディア報道などによって発覚すると、安倍首相は記者らに対して何度も不快感を露《あらわ》にした。また、当時の麻生太郎外相は「ふざけてる」と言い放ち、自民党法務部会では法務・検察を非難する怒号が飛び交い、当時の公安調査庁長官が平身低頭で詫《わ》びる姿も見られた。

一方、緒方氏は公安調査庁幹部から何度も事情を聞かれ、取り引きの目的などを懸命に説明した。すると幹部からは、こう告げられたという。

「総理秘書官は非常に憤っていました。いっそのこと緒方さんは『利得目的でやった』と説明した方がよかったかもしれません」

再び緒方氏が言う。

「批判の矛先が向きかねないことを恐れた法務・検察は、とにかく私を自力で除去しなければならないと考えた。朝鮮総聯本部の取り引きが明らかになった直後、官邸から法務・検察の上層部に『いったい何をやらせているんだ』と圧力がかかり、法務・検察内でも『OBがやったことだからといって放置していると、とんでもないことになる』という声が上がったと聞いています。だから法務・検察は（東京地検）特捜部まで動かし、異例の急ピッチでデタラメな捜査に突き進んだんです」

4

これほど歪曲《わいきょく》に満ちた捜査だったにもかかわらず、緒方氏は取り調べの中で何度か「自供」をしてしまった。

「私は検事として何人もの被疑者の取り調べにあたってきました。しかし、情けない話ですが、被疑者の立場になってみて初めて、取り調べを受けるのがこれほど過酷なものかと知りました。特捜の調べは想像を絶するほど苛烈《かれつ》で、強引そのものでした」

密室の中で早朝から深夜まで連日続く取り調べ。何十日にも及ぶ拘禁生活。徹底的に孤独な立場に追い込まれ、取り調べ検事に脅され、激しい罵声《ばせい》を何度も浴びた。

「検察は面子《メンツ》をかけて捜査している」「否認を続けるとどういうことになるか、あなたは良く知っているだろう」

そう、取り調べで否認を続ければ、延々と保釈を得られず、未決のまま長期の勾《こう》留《りゅう》を余儀なくされる。しかも法務・検察が組織防衛のために面子をかけた捜査に臨んでいる以上、東京地検特捜部が起訴まで持ち込むのは確実である。裁判が長期化するのは避けられず、裁判費用も膨れ上がり、何よりも検察が起訴に踏み切った際の有罪率は実に九九%を大きく超える。いくら無実であっても、現実の裁判で無罪を勝ち取れる可能性など皆無に近い――。

ここまで何度も問題点を指摘してきた刑事司法の現実だが、元検事である緒方氏はこうした状況を誰よりも知悉《ちしつ》していた。

「たとえ偽りであっても自供して反省の態度を示せば直ちに保釈され、裁判は短期間で終了するでしょう。でも、真実を訴え続ければ保釈も受けられず、何年も裁判を闘わねばならず、場合によっては実刑を受ける可能性も高まる。迷いました。迷った末、二度にわたって自供に追い込まれてしまった……」

しかし、最終的には無実を訴え続ける決心を固め、公判でも一貫して検察と対峙《たいじ》し続けた。二〇〇九年七月一六日の一審・東京地裁判決では有罪を言い渡されたものの控訴し、今後も裁判で無実を訴えていくつもりだという。

「長い裁判になり、金銭面でも精神面でも家族に負担をかけてしまいますが、真実追及を旨とすべき元検事として、もう嘘をつきたくない」

そう訴える緒方氏は、自らに襲いかかった検察捜査の実態を赤裸々に明かした著書も出版した。題して『公安検察　私はなぜ、朝鮮総連ビル詐欺事件に関与したのか』（講談社）。四〇年近くにわたって検事を務め、最高幹部の一人でもあった緒方氏が、自省も込めて〝古巣〟に刃《やいば》を突きつける著書は、この国の刑事司法に巣食う病も浮き彫りにしている。一読に値する一冊である。

★文庫版追記

一審・東京地裁で懲役三年一〇月、執行猶予五年の有罪判決を言い渡された緒方重威氏は控訴したものの、二〇一二年三月二九日に言い渡された二審・東京高裁判決も緒方氏の控訴を棄却してしまった。緒方氏は現在も無実を訴え続けて上告している。

第14章　佐藤　優

真面目な検事の「正義」が暴走する国策捜査

さとう・まさる　一九六〇年生まれ。東京都出身。同志社大学大学院神学研究科を修了後、外務省に入省。在英国日本大使館、在ロシア連邦日本大使館に勤務し、一九九五年から外務省国際情報局分析第一課に配属。一九九八年からは主任分析官として活躍していたが、二〇〇二年五月に背任罪などで東京地検特捜部に逮捕された。一審判決後に出版された『国家の罠』（新潮社）は、検察捜査の実相を赤裸々に綴《つづ》って大きな反響を呼び、その後は左右、硬軟問わぬ活字メディアで旺盛《おうせい》な執筆活動を展開している。『自壊する帝国』（新潮社）では、第三八回大宅壮一ノンフィクション賞などを受賞。

【佐藤優氏をめぐる事件】

外務省でロシア担当の辣腕《らつわん》外交官として活躍しながら、衆院議員の鈴木宗男氏らとともに東京地検特捜部による捜査のターゲットとなって佐藤氏が逮捕されたのは、二〇〇二年五月一四日のことだった。捜査動向の報道に過熱するメディアで佐藤氏は「外務省のラスプーチン」などと揶《や》揄《ゆ》され、逮捕前から激しいバッシングの集中砲火を浴び、未決のままで実に五一二日間もの勾留生活を余儀なくされている。

最初の逮捕容疑となったのは背任罪だった。外務省関連の国際機関「支援委員会」にイスラエル学会への学者派遣費用など計約三三〇〇万円を不正支出させた、という検察側の筋書きに対し、佐藤氏は「外務事務次官の決裁まで受けた支出であり、これで一職員が罪に問われるなら仕事などできない」と反論、支出は適正だったと訴え続けてきた。

二回目の逮捕容疑である偽計業務妨害罪では、同委員会が発注した国後島ディーゼル発電施設工事の入札で予定価格に関する情報を三井物産に漏らし、業務を妨害したとされた。これも佐藤氏は「まったく関与していない」と主張している。

いずれも佐藤氏の訴えに圧倒的な理があるように見えるが、二〇〇五年二月に一審・東京地裁は懲役二年六月・執行猶予四年の判決を言い渡し、二〇〇七年一月の二審・東京高裁判決も佐藤氏側の控訴を棄却している。

「国策捜査」という言葉を人口に膾炙させるきっかけをつくったのが佐藤優氏だったことは第3章でも記した。二〇〇二年に出版された『国家の罠　外務省のラスプーチンと呼ばれて』（新潮社）の中で佐藤氏は、自らの事件について取り調べ検事から「国策捜査だ」と告げられたことを明らかにし、検事の発言をこう紹介している。

《これは国策捜査なんだから。あなたが捕まった理由は簡単。あなたと鈴木宗男をつなげる事件をつくるため。国策捜査は「時代のけじめ」をつけるために必要なんです。時代を転換するために何か象徴的な事件をつくり出して、それを断罪するのです》

すべての「国策捜査」的な捜査が「時代のけじめ」をつけるために繰り広げられるわけではないだろう。ただ、象徴的な事件をつくり出して断罪する、という捜査のあり方が、近年の特捜検察の歪《ゆが》んだ特質の一端を表しているのは間違いない。

「日本の司法を考える会」ワークショップはここまで、検察や警察による極めて恣意《しい》的な捜査、あるいは不公正としか思えぬ捜査のターゲットとされた人々、または警察と検察がつくり上げた冤罪《えんざい》事件の被害者らの訴えに耳を傾け、捜査の実相や問題点を検証してきた。

結果、浮かび上がってきたのは、検察・警察の捜査はもちろん、裁判も含めた日本の司法制度全体を蝕《むしば》む劣化の実態だった。今やこの国の司法は公正と真実の追求という理想から遠く離れているばかりか、歪んだ捜査が蔓延《まんえん》し、裁判もそれを追認するだけの装置に堕しつつあるように見える。

では、「国策捜査」という言葉を世に知らしめるきっかけをつくった佐藤氏自身は今、日本の刑事司法制度をどのように眺めているのだろうか。自らに降りかかった事件をあらためて振り返ってもらうとともに、刑事司法に関する現状認識を訊《き》いた。

1

「そろそろ検察庁のことを本気で心配しなければいけない時期に来ているんじゃないでしょうか」

ワークショップの冒頭、皮肉混じりに議論の口火を切った佐藤氏は、検察の「権威」などすでに朽ちつつあると分析し、その「理由」をこう続けた。

「かつては特捜検察に捕まり、有罪をくらったら、『これは悪いヤツだ』ということで社会的復権は難しかった。ところが今、明らかに逆転現象が起きています」

その大きな端緒を開いたのが佐藤氏であったのは疑いないだろう。自らが逮捕、起訴されてからすでに五年以上。一審、二審とも執行猶予つきながら有罪判決を受け、裁判は今なお最高裁を舞台に続いているが、それらを撥《は》ねのけて旺盛な執筆活動を展開するに至った佐藤氏は、今や「言論界の寵児《ちょうじ》」ともいえる存在になっている。

佐藤氏とともに逮捕、起訴された鈴木宗男氏も同様である。第3章で紹介した通り、一時の激しいバッシングをくぐり抜けて衆院議員に返り咲いた鈴木氏もまた、裁判で無罪を訴えつつメディアや国会の場などを通じて活発な情報発信を繰り広げている。本ワークショップの中心人物となった元参院議員の村上正邦氏も、KSD事件に絡んで収賄罪に問われながら、メディアや出版活動などで旺盛な発言を続ける論客の一人となった。

いずれも自らに降り掛かった事件捜査の不当性を訴え、検察の姿勢を強く批判し、現状の司法のありようへの疑義を唱え続けている。検察を大きなネタ元とする大手新聞やテレビはさほど熱心に取り上げないが、検察の「正義」に対する懐疑が徐々に広がりつつあるのは間違いない。でなければ、佐藤氏や鈴木氏らの言説がこれほどに広範な支持を受けることはないだろう。

佐藤氏が言う。

「検察の権威なんて張り子のトラで、もうだいぶ崩れていると思います。乱暴な言い方をすれば、旧ソ連の崩壊期のような状態かもしれませんよ。崩壊期の旧ソ連では、秘密警察に捕まって有罪判決を受けても、『やあ、運が悪かった』ですんでしまった(笑)。日本の司法の劣化は地獄坂を転げ落ちるように進んでいるのではないでしょうか。検察にしても、今や週刊誌の中吊《なかづ》り広告やワイドショーのコメントレベルで事件をつくっているようにすら見えます」

徹底的に皮肉な検察批判を口にする佐藤氏だが、少し前までを振り返ってみても、特捜検察の「正義」は今よりはるかに堅固な「権威」を有していたように思う。しかし、その「権威」に風穴が空きつつある、と佐藤氏は言う。最大の要因はもちろん、近年の検察の捜査姿勢にある。これまでたびたび指摘してきた通り、検察の取り調べを受けた人々が口を揃えて言う台詞《せりふ》がそれを如実に物語る。

最初に筋書きありきの捜査だった。事実と違うことをいくら否定しても、検察はまったく聞く耳を持たなかった――。

特捜検察が歪んだ捜査に突き進む背後事情はさまざまだった。佐藤氏の言う「時代のけじめ」をつけるためかの如き「国策捜査」もあるだろうし、高揚する世論や政治の要請に背を押されるように刃《やいば》を振り上げた捜査もあろう。あるいは検察内部の功名心や薄汚れた打算に突き動かされた捜査もあった。佐藤氏、鈴木氏らがターゲットとなった事件や破綻《はたん》した金融機関トップへの捜査などは前者にあたり、検察の裏ガネを暴露しようとした元大阪高検公安部長・三井環氏への捜査などは後者にあたるのだろうか。

いずれにせよ、最近の特捜検察による捜査は、検察が一度突き上げた拳《こぶし》を降ろそうとせずに——あるいは降ろせずに——、「はじめに筋書きありき」で無理矢理に突き進んでいく点に大きな病理がある。捜査の過程で検察の描くストーリーと異なる事実や証言が出てきても意に介さず、筋書き通りの立件に向けて調書をつくり上げていく。第9章で登場した元特捜検事の田中森一氏がこう断じていたことを思い返してほしい。「すべてそうであるわけではないが、大きな事件では『はじめにストーリーありき』の傾向が特に強い。実際に捜査をして思いもよらない事実が出てきても、東京地検特捜部はそれを許さない。筋書きと違う事実は無視し、筋書き通りの事件につくり上げる。筋書きを描くのは特捜部長ら検察幹部だから、途中で軌道修正などはできない」

だとすれば、デタラメな事件の組み立てが目立つようになるのは必然だろう。実際、佐藤氏に襲いかかった捜査も矛盾だらけだった。

2

あらためて振り返れば、東京地検特捜部が佐藤氏に押しつけたのは、背任と偽計業務妨害という二つの罪である。いずれも佐藤氏は無罪を訴えているが、このうち背任罪について見ると、検察側は佐藤氏がイスラエルのロシア専門家らの学会出席費用など計約三三〇〇万円を外務省関連の国際機関「支援委員会」に不正支出させた、と断じている。しかし、この支出は外務事務次官をはじめとする同省最高幹部らの決裁を受けたものだった。

佐藤氏は公判廷の場でこう主張している。

《組織の明示的な決裁を受け、その時点では官邸、外務省が評価した業務が二年後には犯罪として摘発されるような状況が許されるならば、誰も少しでもリスクがあると思われる仕事はしません》（二〇〇四年一一月一〇日、一審・東京地裁での被告人最終陳述）

組織幹部の決裁を受けて進めた業務でいったい何故、現場の一事務官が背任に問われねばならないのか――そんな佐藤氏の訴えに理があるように感じるのは私だけではないだろう。もし検察の言うように「支援委員会」の支出に不正があったとするならば、決裁を下した外務省幹部も同じく罪に問われるべきであり、現場の一事務官に過ぎない佐藤氏一人を断罪するのは不合理というほかはない。取り調べ検事が佐藤氏に語ったという通り、検察は明らかに「鈴木宗男氏につなげる事件をつくるため」に佐藤氏を血祭りに上げたのである。

もちろん、こうした検察捜査の歪《ゆが》みは佐藤氏の事件に限った話ではない。検察捜査のターゲットとされた人々が口々に「筋書きありきの捜査で事件をつくられた」と検察への強い不満を訴えているのはその証左であり、佐藤氏の話に耳を傾けていた東京地検特捜部の元副部長・永野義一氏もこういって溜《た》め息をついた。

「決して被疑者と仲良くなるわけではないが、調べを終えた後で（被疑者との間で）恨みの残らないような関係をつくらねば真実などに迫れない。しかし、最近はそういう話を聞かなくなってしまった。それに、証拠にもとづいて犯罪を立件すべき検事が『国策』などと言うなんて、思い上がりも甚だしい」

だが、佐藤氏はこう分析する。

「検事は基本的に真面目でいい人たちなんです。もちろん公益感もある。だから『今の日本というのは政治が機能していない』、『官僚も腐っている』、そして『（検察が）何かをしなければいけない』と強く思っている。一方で検事は『出世』や『手柄』への欲望も強い。こうしたところから歪んだ『国策捜査』が生まれてくるんじゃないでしょうか」

そうした病理の一端は、ＫＳＤ事件で収賄罪に問われた村上正邦氏に対する検察の取り調べにも表れている、と佐藤氏は言う。

これも第１章で紹介したが、村上氏を担当した特捜部の副部長は取り調べの最中、口を極めて村上氏を罵倒《ばとう》したという。

「あんたは人間のクズだ」、「お前を『先生』などと呼ぶ価値はない。オイ村上だ！」、「なんで森喜朗のようなバカを総理にしたんだ！」……

続けて佐藤氏の話。

「村上さんから取り調べの内幕を聞いて、検察が露骨に政治を小馬鹿にしているということが如実に表れていると感じました。何か（検察側の）ピンが抜けてしまったような気がする。そもそも検察官は被疑者の立場を思い描き、その人生を追体験しながら取り調べを進めていくのが本来の姿でしょう。もし仮に犯罪があるとするなら、『この人はなぜ罪を犯してしまったのか』と思いをめぐらせながら話を聞き出していく。そこには本来、大変な人間ドラマがあるはずだが、村上さんの話を聞いてもドラマなど欠片《かけら》もない。要は『こっちの言う通りに供述しろ』の一点張りです。私の取り調べ検事は少し違いましたが、基本的には鈴木（宗男）さんも含め、みんな同じような取り調べですよ」

検察の描く筋書きを押しつけ、ひたすらに「自白」を迫るだけの捜査にドラマなど存しようもない。村上氏もこう言って憤懣《ふんまん》をぶちまける。

「検察が自分たちを正義だという使命感を持つのはいいし、やるならば徹底的に（捜査を）やるべきだと私も思う。確かに永田町は腐っている。しかし、狙われる政治家は永田町でも傍流に類する人ばかりでしょう。本来やるべき捜査は政治的配慮で行なわず、突っ込んでいく時は事実を無理矢理にねじ曲げてでも事件をつくり上げる、というのはあまりにおかしい。もっと問題なのは裁判ですよ。公正な判断を期待しても、検察側の立証を追認するだけ。司法の正義なんてどこにもありはしない」

3

繰り返し指摘してきたように、検察が刑事司法の一翼を担っているとはいっても、所詮《しょせん》は行政機関の一つに過ぎない。村上氏の語る通り、本来は三権の一角にそびえ立つ裁判所が検察と被告側の間に立って歪みを正し、公正な判断を下すべきなのである。

しかし裁判は今、検察の主張を追認するだけの装置と化している。佐藤氏が再び皮肉まじりに言う。

「だいたい、起訴されたら九九・九％が有罪になるなんていう話を聞けば、外国の人がみんな目を丸くしますよ。『すごいですね』って（笑）。国際的に見たら異常なことで、実のところ屈辱的な状況なんです。だけど、これも日本の国だと思うから腹も立ちますけど、イランだとか旧東ドイツ、あるいは北朝鮮だと思えば、『ああ、そういうこともあるな』という話です」

こんな裁判もすでに「権威の崩壊」が急進行している、というのが佐藤氏の見立てだった。

「一例を挙げれば、最近、（裁判の）傍聴マニアの書いたような本が結構売れるようになった。これは根源的に司法がバカにされているということだと思う。類似の本は以前からあったけれど、あまりマーケット・メカニズムの中に乗らなかった。しかし、現在は違う。これは司法の権威というのが内側から崩れている証左の一つではないでしょうか」

こうしたムードが司法の権威が崩壊しつつある証左なのかどうかは定かでない。ただ、検察や裁判所も含む刑事司法の劣化が急進行していくことは、日本社会にとって決して好ましいことではない。ワークショップの冒頭で佐藤氏が「そろそろ検察庁のことを心配しなければ」と語ったのも、あながち冗談とは思えなくなってくる。

多くの人々は特捜検察に「巨悪」の摘発と「正義」の実現を期待し、その捜査に喝《かっ》采《さい》を送ってきた。もちろん検察が公正な捜査によって「巨悪」を暴き出すのならば喝采にも値しようが、近年の検察捜査は歪み切ったハリボテであるケースが目立つ。

それでも新聞やテレビは検察を正面から批判せず、捜査に突き進む検察組織の内部には「手柄」や「出世」への欲望、あるいは「政治的配慮」や「組織の安定」といった打算も渦を巻いている。

そんな検察が無理な捜査を繰り広げ、歪んだ事件をつくり上げ、裁判所もそれをチェックすることはない。「巨悪」を摘発しているかに見える検察捜査にメディアや世論が喝采を送ったとしても、その内実は歪みと矛盾だらけである。こうした歪みと矛盾の集積は、司法を根元から腐らせかねない。

さらに言うなら、政治や社会に漂う腐臭の吸引作業を検察や司法に委《ゆだ》ね、それに喝采を送って溜飲《りゅういん》を下げる——という世のありようが、果たして健全と言えるのだろうか。広く刑事司法全体を俯瞰《ふかん》すれば、一部事件では被疑者に対する世論の憎悪がエキセントリックなほどに高揚し、「厳罰化」を求めるムードは増幅する一方となっている。メディアの情緒的な一極集中型の事件報道もこれを煽《あお》り、たとえば死刑判決や執行数は、世界の潮流に背を向けるかのように増加している。

こんな刑事司法の現状について、ワークショップの中で佐藤氏が発したこんなひと言が印象に残っている。

「人間社会には必ずガスが溜まる。だから時々、祭りが必要になる。特に小泉政権以降の新自由主義的な改革によって社会がバラバラになった閉塞《へいそく》状況の日本では、順番に血祭りに上げる対象が必要になる。今、刑事司法がそれに使われてしまっている感じがするんです。本当は別の形で社会的なガス抜きというか、新しいエネルギーを入れるというような仕組みが必要なのではないでしょうか。そうしたものが政治や社会の中につくられない限り、検察が国策捜査をやめるような状況にはならないでしょう」

★文庫版追記

佐藤優氏に対しては一審、二審ともに執行猶予付きの有罪判決が言い渡されていたが、最高裁も二〇〇九年六月に佐藤氏側の上告を棄却し、有罪判決は確定してしまった。だが、ご存知の通り佐藤氏は、その後も旺盛《おうせい》な執筆活動などを中心に各方面で活躍を続けている。

番外編　秋山賢三

「再審請負人」が明かす刑事司法劣化の実相

あきやま・けんぞう　一九四〇年生まれ。香川県出身。東京大学法学部を卒業後、一九六七年に裁判官任官。横浜、東京、徳島の各地裁や東京高裁などを経て一九九一年、秋田地裁民事部の総括判事を最後に依願退官し、五〇歳で弁護士登録した。以後は、冤罪《えんざい》事件に苦しむ被告らの弁護や支援活動に熱心に取り組み、「袴田事件」の弁護人にも就任。日本弁護士連合会（日弁連）の人権擁護委員や再審部会長なども歴任している。

【秋山賢三氏の横顔】

「再審請負人」——。一部メディアからそんな風に呼ばれたこともある秋山氏は、エリート判事から弁護士に転身して以降、数多くの冤罪事件被害者の弁護や支援に奔走してきた。

香川県多度津町で農家の三男として生まれ、東京大学法学部に進学。在学中は、戦後日本の刑事司法学の第一人者で死刑廃止論者でもある元最高裁判事の故・団藤重光氏から刑事訴訟法などを学んだ。

裁判官としては徳島地裁時代の一九八〇年、戦後初の死後再審となった「徳島ラジオ商殺し事件」の再審開始決定に関わったが、本格的に冤罪事件に取り組むようになったのは一九九一年の弁護士転身から。その後は秋山氏自身が「冤罪と聞くと、かき立てられる」とも語る通り、数々の冤罪事件の再審請求や支援に関与してきた。元プロボクサーの袴田巖氏の死刑が確定した「袴田事件」でも、弁護人の一人として熱心な活動を続けている。

近年は痴漢冤罪問題にも取り組み、全国痴漢冤罪合同弁護団団長などを務めている。二〇〇七年一月に公開されて話題となった映画『それでもボクはやってない』（周防正行監督）の制作にも協力。著書に『裁判官はなぜ誤るのか』（岩波新書）などがある。

検察や警察による不当な捜査の問題点を論じていくと、常に同じような疑念に辿《たど》り着く。その一つが裁判の現状である。司法権の砦《とりで》として三権の一つにそびえ立つ裁判所はなぜ、検察や警察の暴走をチェックしないのか。検察側の主張をただ追認し、捜査や取り調べの矛盾を摘出する姿勢に欠けるのはいったいなぜなのか。

有罪率九九%超——。繰り返し指摘してきた数字が端的に示す通り、日本の刑事司法では検察がひとたび起訴に踏み切れば、無罪を得る可能性など皆無に近い。もちろん公訴権を基本的に独占する検察の判断がそれほどに精緻《せいち》で厳正ならば問題などありはしないが、すでに明らかなように現実は相当に薄ら寒い。

強引な取り調べや杜撰《ずさん》極まる捜査、あるいは「はじめに筋書きありき」で強引に突っ走る手法が目立つばかりか、検察が自らの組織的不正を隠蔽《いんぺい》するために繰り出した捜査までも罷《まか》り通ってきたことは、これまで紹介してきたワークショップ参加者の証言からも明白であろう。それでもほとんどの場合、裁判が捜査に根本的な疑義を突きつけることはない。

そこで最後に、東京高裁判事などを務めた経験を持つ弁護士・秋山賢三氏をゲストに迎えた「日本の司法を考える会」ワークショップの議論を紹介したい。

約二五年間にわたって裁判官を務めた後に弁護士へと転身した秋山氏は、数々の冤罪事件などにも熱心に取り組んできた硬骨の法曹人として知られ、裁判はもちろんのこと、日本の刑事司法の変質や矛盾を知悉《ちしつ》している人物である。

「私自身、元裁判官ですから、実は裁判所のことをいろいろ言うのは好きではないんです」

少し照れた風にそう前置きしつつも、秋山氏はワークショップ参加者を前に日本の裁判が抱える問題を的確に提示してくれた。メディアでは「再審請負人」と称されることもあるが、むしろ穏やかで柔和な話し振りが印象的だった。

1

「冤罪はなぜ起きるのか……」

そう言って議論の口火を切った秋山氏が言葉を継いだ。

「これはもちろん裁判所だけが悪いというわけではありません。まず捜査の問題がある。誤った見込み捜査で『ホシ』でないものを『ホシ』にしてしまう。嘘の自白をさせる。警察をチェックできない検察の問題もある。また、弁護の問題点も大きい。それを裁判で是正できず、誤判を犯し、有罪ではない者を有罪にしてしまう。そういうことが現に昨今もしばしば起きているわけです」

有罪でない者を有罪にしてしまう——。決して起こしてはならぬはずの過ちが幾度も幾度も繰り返されるのは、この国の刑事司法制度が抱える矛盾そのものである。捜査や弁護活動に問題があるのは当然にせよ、それを是正することができない裁判の罪もまた、極めて重い。

近年の裁判所が捜査当局の主張に追随しているだけだという現実を端的に示すデータの一つに、令状請求の却下率がある。当然の話だが、強制捜査権限を持つ検察・警察といえども、ごく一部の例外を除いては令状なしに人を逮捕・勾留《こうりゅう》することなどできない。裁判所が発付する各種令状が必要であり、捜査機関の不当な権力行使をチェックするのは裁判所に課された重要な役割といえる。

たとえば一九六八年のデータで見ると、簡易裁判所なども含めた全裁判所における令状請求の却下率は逮捕状で〇・二〇%、勾留請求で四・五七%となっていた。ところが一九九〇年代後半のデータになると、逮捕状で〇・〇四%、勾留請求で〇・二六%にまで却下率が低下している。かつての数字が決して高いとも思えないが、最近のそれはいかにも異常であろう。裁判所が捜査当局の言うがままに令状を発付する「自動販売機」(第2章、元大阪高検公安部長の三井環氏の発言)と揶揄《やゆ》されるのも無理はない。

秋山氏もこう言う。

「私が任官したのは一九六七年ですが、当時は勾留請求の却下率が東京地裁で確か五％を上回っていたと思います。私自身、任官七年目ぐらい（一九七〇年代中盤）に東京地裁の令状部（刑事一四部）を一年間担当し、やはり一割ぐらいはチェック（して却下）していました。捜査当局からは煙たがられましたが、きちんとやればそれぐらいにはなるんです。それから比べると今の却下率は『ノーチェック』と言われても仕方のない数字ではないかと思います」

もちろん、裁判所のチェック機能劣化の理由は単純ではない。続けて秋山氏の分析を紹介する。

「捜査、取り調べ側に対して、国家組織の中で司法的チェックを本分とする裁判所が独自の判断で『ノー』と言うことがほとんどなくなっている。裁判所が権力機関としての機能だけは急速に肥大化させながら、市民の権利を守る機能は徐々に無力化していく『官僚司法』へと変貌《へんぼう》しているんです」

市民を守る機能を摩滅させてきた裁判所が権力機関寄りの「官僚司法」と化してしまった現実は後述するが、かつて警察官僚として捜査に携わった経験のある衆院議員の亀井《かめい》静香《しずか》氏や弁護士資格を持つ元衆院議員の白川勝彦氏も、類似の問題意識を共有しているようだった。

ワークショップに参加していた白川氏は「三〇年前の日本の司法にはリベラルな雰

囲気があったけれど、最近の裁判所は明らかにおかしくなったように感じる」と語り、亀井氏もワークショップの中で自らの体験を振り返りながらこう指摘している。

「昔より（裁判所は）酷《ひど》くなりましたよ。私が（埼玉県警の）捜査二課長をやっていたころは、なかなか（裁判所が）勾留させてくれなかった。（当時は）困ったなぁと思っていたが、最近は初公判まで勾留しておくのが常識になっているでしょう。裁判官もそれが常識となり、自動的に動いているんじゃないかという気がする。今の司法は明らかに病んでいる」

2

司法の病は、いわゆる「人質司法」の弊害などさまざまな形で表出する。

容疑を否認したままでいる限りは保釈も認めないという「人質司法」については、これまでも繰り返しその問題点を指摘してきた。これに関する秋山氏の話。

「きちんと実務をやっていけば、保釈は可能なんです。事案によっては保釈金を高めにしたり、特別な条件をつけてカバーすればいい。そもそも私は、（被告人を）できるだけ公判で自由な立場に置いて言いたいことを言ってもらい、判決を出した方がいいという考え方ですから、できるだけ保釈すべきだという立場だった。一方、審理する裁判官からすると、（被告人を）保釈すれば弁護士と密に連絡し、法廷で否認しはじめるのではないかと見てしまう。考えようによっては弁護士が本当のことを把握し、それを裁判所にぶつけ、実体的真実に近づいた審理がなされて良いことだと思うのだけれど、審理する立場になると（裁判が）長引いては困る、未裁事件が増えては困る、という意識になってしまう」

加えて最近は、二〇〇九年五月導入の裁判員制度などを睨《にら》み、法務当局が「裁判の迅速化」に向けた制度整備を急ピッチで推し進めている。必然的に裁判所内では今、審理を「迅速」に進める裁判官が「優秀」との評価を受けるが、裁判の「迅速」と審理の「適正・充実化」を両立させるのは容易ではない。秋山氏も現状の「審理迅速化」には極めて懐疑的だという。

「審理の促進とは裁判のハケを良くし、有罪でどんどん既裁にしていく、という考えなんです。確かに裁判が迅速に進むのは結構だが、（弁護側の）防御の方法を保障した上で迅速に進むならともかく、速いというだけでは、冤罪《えんざい》や再審事件増加の問題がさらに深刻な形で現れてくる。大きな死刑求刑事件などで後に無罪となったケースを見ると、相当の歳月をかけて試行錯誤の中から新たな証拠が発見され、起訴の裏付けの不十分さが明らかになったものがほとんどですから」

たとえ審理が少々長引いたとしても、決して冤罪を生み出さないための裁判を愚直に追い求めるのか。それとも山積した審理の処理のため、「人質司法」などもいとわず「迅速」を目指すのか。「そこをどう考えるかというのが、実は法律家としての試金石なんです」と秋山氏は言う。

秋山氏がもう一つ挙げた「日本の裁判における大きな問題」が、いわゆる「最良証拠主義」だった。

警察や検察などの捜査当局は捜査の過程で強制権限を駆使し、さまざまな証拠物を押収する。だが、審理の場で示されるのは、有罪を指し示す証拠だけである。仮に捜査当局が被告人に有利となる証拠を手に入れたとしてもそれは封印され、多くの場合は陽の目を見ることがない。

「検察が税金を使って集めたいろいろな証拠を独占し、被告人は全部を見ることができない。地検の倉庫に(被告人の)アリバイを立証する帳簿や伝票が眠っていたとしても、アプローチできないんです。一方で裁判官は、検察が有罪のため選《え》りすぐった証拠ばかりを何度も何度も見せられる。あまり一般に理解されていない問題ですが、ある意味で日本の裁判官が誤判を犯すのは無理のない部分もある」(秋山氏)

刑事裁判が抱えるこうした制度上の問題に加え、個々の裁判官の「資質」もワークショップの議論の俎上《そじょう》に載せられた。

秋山氏は「裁判官を悪く言うつもりはありません。かつての私もそうだったから、自分のことを言っていると思ってください」と断りつつ、裁判官の育成過程や置かれた環境から生じる問題点を率直に吐露し、これに亀井静香氏が応じた。

「日本の裁判官は捜査の経験がないし、弁護の経験もない。大学から入ってきて、ペーパーテストの成績で任官し、昇進していくエリートなんです。二五歳前後で『判事さん、判事さん』と呼ばれ、引っ越しなども部下が全部手伝ってくれる。人間的な心の襞《ひだ》みたいなものを養う機会が少ない。官僚的な意識から抜け出られず、たとえば法廷で涙ながらに訴える被告人の心がわからない。法廷で必死に無罪を主張しても、『やってるくせに罪から逃れようと悪あがきしている』というようにしか受け止められないんです」（秋山氏）

「裁判官は法律の知識はもちろんだが、人生経験のある人がなるというのが一番の解決法じゃないか。また、裁判官には、司法試験に合格した検事は我々と一緒だという気持ちがある。だから検事が嘘の調書なんて取るわけがないと考え、公判廷での（被告人の）証言より、検事の調書を信用してしまう」（亀井氏）

たとえば、捜査段階の調書に記された供述と異なる訴えを法廷でする被告がいたとする。だが、そんな被告に対して「調書に書いてあるじゃないか」、「事実と違うなら書き直してもらえば良かったじゃないか」と言い切る裁判官が多い、と秋山氏は嘆く。

「（逮捕されて）腰に縄を付けられ、怒鳴られ、名誉も何も引きはがされた圧倒的な力関係の中で、（被告人が取調官に）『書き直して』なんて言えるわけがないでしょう。そのことを（裁判官は）わかってないいんです。私もそうでしたが、（法廷の）高いところにいると、藁《わら》にもすがる思いで訴える人間の心がなかなかわからない」

かくして裁判は検察の主張を追認し、お墨付きを与える装置へと堕していく。だがもちろん、日本の司法を覆う病は裁判官個人の資質やその制度のみに由来しているわけではない。

3

あらためて記すまでもなく、裁判所が司《つかさど》る司法権は、三権分立の原則に基づいて立法権や行政権からの独立性が保障されている。小中学生の教科書にも記載されている常識だが、現実には司法権の砦《とりで》であるはずの裁判所も国家機関としての司法システムの堅牢《けんろう》な塔の一角に組み込まれている。

第10章で紹介したが、「沖縄密約」をめぐる外務省機密漏洩《ろうえい》事件で国家公務員法違反の罪に問われた元『毎日新聞』記者の西山太吉氏は、違法な起訴で名誉が傷つけられたと訴えた国家賠償請求訴訟が二〇〇七年三月二七日に棄却されると、直後の会見でこう吐き捨てた。

「権力構造は鉄壁だ」

沖縄返還を巡る日米の密約が存したことは米公文書や関係者の証言からも疑いのない事実となっているにもかかわらず、東京地裁判決は西山氏の訴えの核心部分ともいえる密約の存在にふれようともせず、訴えを門前払いした。密約の存否にひとたびでもふれれば、過去における「政府の犯罪」を容認することにつながりかねないからである。「官僚司法」と化した裁判所は、真実や正義の追求よりも権力構造の「安寧」を優先し、権力周辺に漂う腐臭を糊塗《こと》することに加担する。

秋山氏が言う。

「日本において検察官の権力は強大なんです。起訴するかどうかはすべて検察官が決め、（裁判官も）法務・検察に印象のいい方が栄進する傾向があります。だから（裁判官としては）どうしても有罪にしておいた方が無難だ、ということになる。一つの事件で信念にもとづいて無罪判決を出したり、違憲だと思えば憲法判断の判決を出すこともできるが、そういう裁判官はどうしても人事上で冷遇されてしまう。出世なんていう言葉は使いたくないけれど、易きに流れて有罪にしておいた方が無難であり、検察や警察の受けがいい。ピラミッド型のシステムが日本の司法にも牢固《ろうこ》に存在するんです」

加えて、日本社会を覆うムードも近年の刑事司法の動向に影を落としているように感じられる。浅薄皮相なナショナリズムがもてはやされ、国家への帰属を強要する声が勢いを増す一方、「自己責任」というフレーズが大手を振る奇妙な世相。治安を声高に訴える為政者が支持を集め、刑事事件では被告人への厳罰を求めるムードが強まり、メディアの単層的な一極集中報道もこれを後押しする。死刑囚は急増し、執行も相次いでいるが、懐疑の声などかき消されがちとなっている。病んでいるのは司法だけではない。

前記したように、政府は昨今、司法制度改革を熱心に推し進めている。裁判員制度の導入、日本司法支援センターの設立、審理の迅速化、新司法試験、裁判官の人事評価制度……。それぞれにさまざまな問題を孕《はら》んではいるが、秋山氏は「疑わしきは被告人の利益に」という刑事裁判の鉄則を徹底して実践することを何よりも優先すべきだ、と強調した。

「多くの人々は、(被告人は)悪いことをやったんだから速く(裁判を)やって重く罰してくれればいい、と考えているのかもしれないが、もしかしたら自分も被告人になることがあり得るという視点を持ってほしい。たとえば、痴漢犯人に間違えられた人は普通の人ばかりです。そういう人が『俺はやっていない』と必死に訴えている。誰もが自分自身も被告人になるかもしれないという見方で日本の裁判を振り返ってみる段階に来ているんじゃないでしょうか」

終章　刑事司法のどこに問題があるのか

一四人の訴えから見えてきた病巣

ここまで「日本の司法を考える会」ワークショップにおける計一五人のゲストを囲んでの議論を紹介してきた。このうち元判事の弁護士・秋山賢三氏（番外編）を除く一四人は、実際に検察や警察の捜査のターゲットとなり、塀の内側にたたき落とされた――あるいはたたき落とされかけた――人々である。

広く刑事司法の世界全般を眺め渡せば、この一四人は極めて特異な立場の被疑者、被告人であったかもしれない。また、検察や警察に狙われることとなった背景や経過はそれぞれであり、私自身もすべてのゲストの主張に心の底からの共感を覚えたわけではない。

ただ、一四人の訴えを通読してみれば、検察や警察の捜査から裁判までを貫く日本の刑事司法が抱える数々の問題点に気づかされたはずである。

こう書いている私も、ワークショップで数々のゲストを囲んでの議論に参加して初めて、日本の刑事司法がこれほど劣化していることを知り、驚愕《きょうがく》を覚えた。いや、薄々気づいてはいたものの、一四人の必死の訴えに耳を傾け、あらためて病の深刻さを痛感して薄ら寒さを覚えた、と記した方が正確だろうか。

いずれにせよ、この一四人はいずれも自らに科せられた「罪状」に異を唱え、現状の検察、警察の捜査や刑事裁判のありように強い憤懣《ふんまん》と不満を抱いている。個別の被疑事実や捜査の背景に異なる事情が横たわっているにせよ、その憤懣と不満の中身には共通する部分も数多くあり、ここに日本の刑事司法が抱える矛盾が集約されている。

本書の最後に、一四人の訴えを踏まえた上で、日本の刑事司法に通底する問題点を、検察や警察の捜査段階からあらためて整理、検証しておきたいと思う。

1

言うまでもなく、日本の刑事司法システムにおいて第一次的な捜査を担っているのは警察組織である。犯罪を捜査し、証拠などを収集し、被疑者や関係者を取り調べ、必要に応じて逮捕するのは基本的に警察の役割となる。一方、刑事訴訟法によって公訴権（起訴する権限）を基本的に独占すると定められている検察は、警察などから送致されてくる事件の被疑者や証拠をあらためて調べ、最終的に起訴するかどうかを決定し、公判廷でこれを立証していくことなどを主任務とする。

ただ、刑事訴訟法は《検察官は、必要とみとめられるときは、自ら犯罪を捜査することができる》（一九一条）とも定めており、検察が自ら捜査に乗り出すことも可能となっている。ワークショップで大きなテーマとなってきた特捜検察の捜査は、これを根拠に繰り広げられているものである。

そんな捜査機関にとって最高度の権力行使が、人の身柄を拘束して自由を奪う「逮捕」といってもいいだろう。順を追ってその手続きをみていくと、警察が被疑者を逮捕した場合、四八時間以内に書類や証拠物とともに検察に送致する手続きをとらねばならない、と刑事訴訟法は定めている。また検察は、警察から送られてきた被疑者や証拠物などを調べ、二四時間以内に裁判所に勾留《こうりゅう》請求するか否かを決めなければならない。

つまり、警察に逮捕されると七二時間＝三日間のうちに警察と検察による取り調べを受け、勾留の可否に関する裁判所の決定が下される。特捜検察の捜査のように検察自らが捜査に乗り出して逮捕した場合では手続きに若干の違いがあり、検察は逮捕から四八時間以内に裁判所へ勾留請求をしなければならない。

検察官からの勾留請求を裁判所が認めた場合、最初の勾留期限は一〇日間となる。必要ならさらに一〇日間の延長ができると定められており、この期限内に検察は当該被疑者を起訴するか否かの判断を下さねばならない。

整理すると、裁判所によって二度の勾留請求が認められた場合では、警察が逮捕すると「七二時間＋一〇日＋一〇日」で計二三日間、検察が逮捕すると「四八時間＋一〇日＋一〇日」で二二日間は勾留され、この間に起訴されるか否かが決まる。

ここまでの手続きの中に、日本の刑事司法が抱える最初の大きな問題点がいくつか潜んでいる。

刑事訴訟法は、警察の適正捜査を検察がチェックするよう求めており、警察の暴走を制御するのは検察に課せられた役割の一つである。実際、捜査の現場では警察が検察と密接な連絡を取り合っており、いくら警察が強制捜査に乗り出したいと考えても、検察が納得しなければ身動きを取ることができない。

しかし、検察によるチェックが十分に機能していないことは、本書で紹介した鹿児島県警による選挙違反捏造《ねつぞう》事件＝志布志事件（第11章）や警視庁捜査二課が暴走した安田好弘弁護士の事件（第8章）などからも明らかだろう。いずれの事件も検察が警察の制御役を果たさなかったばかりか、むしろ警察と二人三脚で事件の捏造と歪曲《わいきょく》に加担し、時には重要事実の隠蔽《いんぺい》といった違法まがいの行為に関与していた。

さらに問題なのは、司法権の砦《とりで》である裁判所のチェック機能が、この時点でほとんど働いていないという現実だろう。

検察にせよ警察にせよ、現行犯などの一部例外を除けば、令状のないままに人を逮捕したり勾留したりすることはできない。捜査当局は被疑者を逮捕するなら逮捕状を、勾留するならば勾留状の請求を、それぞれ所管の裁判所に行って令状の発付を受けねばならず、この請求の妥当性を検証して捜査当局の暴走を制御する役割は裁判所に課された重要な任務である。

ところが現在、この機能が不全状態に陥っている。裁判所が検察や警察からの令状請求を却下する率は年を追うごとに低下を続け、最近における逮捕状や勾留請求の却下率はゼロコンマ数%あるかないかという惨状になっている。元大阪高検公安部長の三井環氏（第2章）が「自動販売機」と皮肉り、元判事の秋山賢三氏（番外編）が「ノーチェックと言われても仕方ない」と評した通り、いまや裁判所は検察や警察の意向通りに逮捕、勾留を認めていると罵《ののし》られてもやむを得ない。

2

逮捕した被疑者に対する勾留請求が検察によってなされると、被疑者は裁判所に連れて行かれて裁判官による勾留質問を受けることになる。刑事司法システムが健全に機能していれば、この段階で検察や警察の不当な捜査は排除されてしかるべきだが、現在の裁判所はほぼ自動的に検察の意向に追従し、最大二〇日間の勾留が認められてしまう。

この期間中に検察は被疑者を取り調べ、起訴するか否かを決める。検察が起訴に踏み切った時点から被疑者は「被告人」となり、保釈という権利が付与される。刑事訴訟法は起訴後の保釈を「原則」とうたいあげ、死刑や無期懲役に相当するような重罪事件の被告人のほか、罪証隠滅の恐れがあるといった場合を除いては保釈を認めるよう定めている。被告人はあくまでも被告人にすぎず、無罪推定の原則が働いていることを考えれば当然の規定だが、ここでも裁判所はなかなか保釈を認めようとしない。

特に起訴事実を否認すると保釈を認められず、起訴後も長期の勾留を余儀なくされてしまう。ワークショップのゲストとなった一四人のうちで見ると、佐藤優氏（第14章）は実に五一二日、鈴木宗男氏（第3章）は四三七日、中山信一氏（第11章）は三九五日、安田好弘氏（第8章）は二九六日、細野祐二氏（第12章）も一九〇日の勾留生活を強いられている。中でも安田氏の場合、東京地裁が保釈を認めたにもかかわらず、検察が抗告して東京高裁が三度にわたって却下するという異例の展開を辿《たど》った。

ここにも日本の刑事司法システムの巨大な問題点が存している。ワークショップでも繰り返し指摘された「人質司法」の悪弊である。

嫌疑を認めなければ延々と保釈を受けられない。検察側がその根拠として乱発するのは「罪証隠滅のおそれあり」「逃亡のおそれあり」といった得意のフレーズである。これを裁判所も安易に認め、被告人は勾留され続ける。検察や警察がでっち上げた捏造事件の場合、「罪証隠滅」を図っているのは検察や警察の側なのに、被告側はなすすべもなく勾留され続けてしまう。

言うまでもないことだが、犯罪の嫌疑をかけられたとはいっても、誰しもが日々の生活を営んでいる。多くの場合、職業も持っているだろう。なのに何十日も、何百日も保釈を許されず勾留され続ければ、仕事を失い、経済的に追いつめられ、生活の基盤は破壊されてしまいかねない。また、ただでさえ逮捕、勾留という異常事態下で厳しい取り調べにさらされた被疑者、被告人は、その異常事態から一日でも早く逃れたい、一刻も早く保釈を得たい、と強く願う。

こんな心理を検察側が利用したらどうなるか。保釈を得たい一心で「罪」を認め、「自白調書」にサインしてしまうのではないか。あるいは、とりあえず調書にサインして保釈を獲得し、法廷の場で真実を訴えて闘おうという考えになってしまうのではないか。これがいわゆる「人質司法」の悪弊である。

そもそも、無罪推定の原則が働いているはずの未決被告人を「罪証隠滅のおそれ」などという曖昧模糊《あいまいもこ》とした理由で長期にわたって拘束するという現状自体、先進民主主義国の刑事司法としては異常に過ぎる。しかし、現実にはこうした状況は蔓延《まんえん》しており、保釈をエサにした司法取引まがいの取り調べが日常化している疑いは極めて濃い。ワークショップのゲストとなった一四人の多くが検察から同様の手法で自白を迫られ、一部は保釈を得たい一心で偽りの「自白調書」にサインしてしまったと語っている点からもそれは明らかだろう。

また、逮捕前や起訴前の段階であっても、さまざまな強権やエサをちらつかせ、偽りの自白を迫る取り調べまで散見されることがワークショップの議論から浮かび上がってきた。

参考人としての取り調べの段階では、逮捕や強制捜査の可能性を突きつけながら検察側の描く事件構図に合致した供述を引き出そうと図る。逮捕された被疑者が起訴されるまでの段階では、「検察の判断次第で起訴猶予などもあり得る」といったエサをちらつかせて思い通りの供述を引き出そうとする。こうして周辺関係者の「証言」が固められ、検察の描く筋書き通りの調書群ができあがってしまえば、いくら一人の被疑者が裁判などの場で必死の抵抗を試みても徒労に終わる――そう訴えたワークショップゲストが多数に上ったことは、刑事司法の病の一端を如実にあらわしている。

このほか、警察による逮捕手続きの場合では、いわゆる「代用監獄」の弊害にも触れておくべきだろう。

裁判所が勾留《こうりゅう》を認めて以降の被疑者は本来、専用の拘置所に収容されるべきなのだが、日本の場合はほとんどが「代用」である警察の留置場に収容され続ける。この「代用監獄」制度は、被疑者が警察による二四時間の監視下に置かれることになるため、無理な取り調べや虚偽の自白誘導の温床になりかねないと長く問題点が指摘されてきた。先進国で同様の制度を残している国はなく、国連などから廃止勧告まで突きつけられている「日本の恥」だが、改善される兆しはまったくない。

この「代用監獄」については、鹿児島県警が捏造した志布志市の選挙違反事件でもその悪弊がほの見えたし、この事件で警察捜査のターゲットとされた中山信一氏（第11章）も代用監獄制度に強い懐疑を唱えている。いずれにせよ、罪のない被疑者ですら虚偽の「自白」に追い込まれてしまう刑事司法システムの罠《わな》は、取り調べ段階から随所に張りめぐらされている。

3

裁判が抱えている問題点に目を移せば、九九％超という数字がワークショップの中でたびたび問題にされた。言うまでもなく、検察が起訴に踏み切った刑事事件における有罪率である。

この数値について、佐藤優氏（第14章）は「起訴されたら九九・九％が有罪になるって聞いたら、外国の人はびっくりしますよ。すごいですねって。これも日本の国だと思うから腹もたつけれど、イランだとか旧東ドイツ、あるいは北朝鮮だと思えば、『ああ、そういうこともあるな』という話ですけどね」と皮肉り、細野祐二氏（第12章）は「裁判がもはや、検察の主張を認めるためのセレモニーに過ぎなくなっていることを示している」と訴えている。

もちろん、日本の刑事司法システムにおいては検察が公訴権を基本的に独占しており、検察として有罪に持ち込めるだけの自信を持つ事件に絞り込んで起訴している、との事情もある。しかし、それでも限りなく一〇〇％近くが有罪になるという数値は異常に過ぎる。検察の能力と資質がそれほどに精緻《せいち》で完璧《かんぺき》を極めるならばまだしも、一四人の訴えから浮かび上がったように実態は想像以上に薄ら寒い。

こうした数値が罷《まか》り通っている理由について、秋山賢三氏（番外編）がこう指摘していたことが思い出される。

「日本において検察官の権力は強大であり、司法関係の人事では法相の発言力が強く、（裁判官も）法務・検察に印象の良い方が栄進する傾向がある。だから（裁判官としては）どうしても有罪にしておいた方が無難だ、ということになる。一つの事件で信念に基づいて無罪判決を出したり、違憲だと思えば憲法判断の判決を出すこともできるが、そういう裁判官はどうしても人事上で冷遇されてしまう。出世なんていう言葉は使いたくないけれど、易きに流れて有罪にしておいた方が無難であり、検察や警察の受けがいい。ピラミッド型のシステムが日本の司法にも牢固《ろうこ》に存在する」

あるいは、ワークショップに参加した弁護士の一人は、こんな風にも語っていた。

「これだけ有罪率が高くなってしまうと、無罪判決を書くべき事件でも裁判官に大きなプレッシャーがかかってしまう。検察官の側から見れば、無罪判決が出てしまった時の失点が極めて大きい。裁判官にも検察にも大きなプレッシャーがかかる中、易きに流れて有罪にしておくという構造が固定化されていってしまった面があるのではないか」

つまり、検察との関係や司法内部の秩序維持といった意識が裁判官を安易に傾かせ、一〇〇％近い有罪率が形成されていったのではないか、というのである。まさに官僚司法の悪弊であり、「司法の安定」という官僚的発想に基づく虚構の維持を優先し、正常な判断を下す機能が鈍磨している、と言い換えてもいいだろう。

そしてもう一つ、九九％超という数字が検察にとって大きな「武器」になっていることもワークショップの議論から浮かび上がった。検察が起訴したら最後、裁判で無罪を得られる可能性など皆無に近いという現実は、事実と異なる容疑を突きつけられて煩悶《はんもん》する被疑者を絶望の淵《ふち》に追いつめる。抵抗しても真実を勝ち取れる見込みはほとんどない。ならば無駄な抵抗をするよりも容疑を認めて保釈を受け、裁判では執行猶予を獲得する姿勢に転じた方が得策ではないか、と。

こうした現実の中に弁護士も埋没しがちとなる。

細野祐二氏は「九九・九％以上が有罪になるということは、日本の刑事裁判において無罪を勝ち取ったことのある弁護士などほとんど存在しないことになる」と語っていたが、捜査側に比して圧倒的劣位に晒《さら》された被疑者側の弁護活動は困難を極める。

結果、日本の刑事裁判における〝優秀な弁護士〟とは、事実と異なる容疑であっても認めて早期保釈を獲得し、有罪になるとしても量刑をできるだけ軽くし、可能ならば執行猶予を獲得する、という手腕に長《た》けた人物ということになりかねない。

畢竟《ひっきょう》、取り調べでは検察官の心証を良くする必要があるし、公判では心から反省していることを強調し、裁判官に認めてもらう方が得策となる。必死に無罪を訴えるような〝愚策〟を取れば「反省の色が無い」と断罪されてしまいかねない。「弁護士が闘わないことが最大の問題なんです」と強調した安田好弘氏（第8章）が自身の事件を振り返りながら、こう語っていたのが脳裏に蘇《よみがえ》ってくる。

「私が逮捕された時、接見に来た友人の弁護士たちは『検事に謝罪して罪を認めた方がいい』とアドバイスしました。でも、実は彼らが悪いんじゃない。弁護士がそうアドバイスをせざるを得ないような状況になっているのが今の刑事司法なんです。私は否認したために今もまだ裁判が続いている。否認したから一〇ヵ月も勾留された。ところが容疑を認めていれば起訴と同時に保釈となり、執行猶予判決を得られたかもしれない。『ウソでもいいから認めてしまえ』というのは、実のところ真実なんです。それほどに日本の刑事司法は酷《ひど》い状態になっている」

4

裁判の現状に関しては、他にもワークショップの中で数多くの問題点が指摘された。すべてを紹介することはできないが、その一つが法廷における証言よりも検事が作成した調書の方が重視されてしまうという現実である。

たとえば、ある被疑者が保釈を得たい一心で検事の作成した「自白調書」に不満を抱きつつも署名し、法廷では自らが知る事実に依拠して必死に無罪を訴えたとする。だが、裁判官は検事作成の調書を重視し、法廷での証言には耳を傾けようとしないことが多い。「調書主義」と呼ばれる悪弊である。

原因についてはワークショップでもさまざまな見方が出された。曖昧《あいまい》な点や矛盾の残りがちな法廷での訴えより、念入りに作り上げられた検事調書の方が遥《はる》かに具体的で一貫性があるように見えてしまうとの見方もあったし、検察を慮《おもんぱか》って「司法の安定」を優先する心境が裁判官に働いていることが大きいとの指摘もあった。また、〝雲上人〟と化している裁判官が、検察や警察との圧倒的な力関係の中で調書に署名させられた被告人の必死の訴えを理解できないのではないか、との声もあった。

この点について元判事の秋山氏は、裁判官の実像を紹介しながらこう明かした。

「(エリートの裁判官は) 官僚的な意識から抜け出られず、法廷で涙ながらに訴える被告人の心が分からない。必死に無罪を主張しても、『調書に書いてあるじゃないか』『気に入らなければ (調書を) 書き直してもらえば良いじゃないか』と考え、『やってるくせに罪から逃れようと悪あがきしている』というようにしか受け止められない」

しかし、勾留《こうりゅう》されている被疑者が脅迫や懐柔を駆使する検事と渡り合って調書の修正を求められるはずもない。それ以前に、調書とはそもそも検事がストーリー通りに作成し、手練手管を弄《ろう》して無理矢理に署名を迫ったことで完成するケースが多いことは、ワークショップのゲストとなった多くの人々の訴えからも明らかだろう。

こうした実態が存するにもかかわらず、法廷での証言よりも検事の作成した調書が重視されてきたのが刑事裁判の現実だった。つまり、いったん検察で「自白調書」に署名してしまえば、これを覆すことは限りなく不可能に近く、保釈を得るためにとりあえず容疑を認めて調書に署名し、法廷では否認して争うなどという戦略は「最悪の選択」ということになる。

だが、取り調べで容疑を認めなければ保釈が得られず、延々と勾留され続けられる。つまり、身に覚えのない――または事実と相当異なる――容疑を突きつけられて煩悶する被疑者にとって現在の刑事司法は、救いのない漆黒の闇に突き落とされるに等しいシステムとなっている。

5

さて、最後に、刑事司法の有り様を伝えるメディアの惨状についても言及しないわけにいかない。

これほど劣化が目立つ刑事司法の実相にメディアはなぜ果敢に切り込まず、検察の太鼓持ちかの如き報道に終始しているのか——。一四人のゲストを囲んだワークショップの議論では、そんな辛辣《しんらつ》なメディア批判が毎回といってよいほどに飛び出した。

「メディアは当局のリークなら裏を取らずに書きまくる。当局が（情報を）流せば大抵の人は『正しい』と認識し、事件がつくられていってしまう」（鈴木宗男氏）

「マスコミは捜査機関のリークなら真実だと思って書き飛ばす。特に大手マスコミがダメだ。（検察の）協力が得られなくなることを恐れ、某大手新聞などは（検察の）裏金問題を絶対に書かない。私は日本に本当のマスコミなんてないと思ってます」（三井環氏）

「司法記者の多くは不当な取り調べによる事件捏造《ねつぞう》や裁判の問題を熟知している。知っていながら報道しないんです。（有罪率）九九・九％という予定調和の中にメディアも安住し、健全な批判精神を忘れているのではないでしょうか」（細野祐二氏）

私自身、こうしたメディア批判に耳を傾けながら、自らの振る舞いを思い返さざるを得なかった。検察や警察がいったん大型事件の捜査に着手すれば、その尻馬《しりうま》に乗って狂乱報道を繰り広げ、洪水の如き記事やニュースを垂れ流して世論を煽《あお》り、一方で検察や警察の捜査などに懐疑を抱いても多くの場合は封印してしまう——そんな大手メディアの報道現場の片隅に、私もかつて身を置いていたからである。

新聞・テレビを筆頭とする大手メディアの批判能力は、刑事司法と同様、間違いなく劣化の一途を辿《たど》っている。中でも検察や警察といった捜査機関に対する批判は、大手メディアに属する記者たちにとって実に難儀な所作となっている。最大の理由の一つが、大手メディアにとって検察や警察が「最大の情報源」になっているからだろう。

中でも特捜検察の捜査動向は新聞やテレビにとって長らく「最も重要な取材テーマ」と位置づけられ、検察批判はタブー化してきた。特捜検察の捜査が一見したところ「巨悪」を摘発しているかのように見えたことも、批判能力の摩耗に一役買っていることは否めない。

しかし、検察・警察の捜査や刑事司法が病んでいるのは明らかであり、その実相へと切り込んでいくことがメディアとジャーナリズムに課せられた重要な役割であることは言うまでもない。権力機構に対する批判機能の欠如したメディアなどメディアの名に値せず、中でも日本の刑事司法システムにおいて強大な権限を有している検察機構に対しては最大限に監視の目を注ぎ込むべきだろう。

広く刑事事件をめぐる報道全般を眺め見れば、世にはびこりつつある「厳罰化」を求める声も、メディアの酷く情緒的で一極集中的な報道がその醸成に一役買ってきたのは間違いない。警察・検察の視座にもたれかかり、時に異様とも思えるほどヒステリックな被疑者バッシングに走る報道は確実に刑事司法を歪《ゆが》めている。

事件報道をめぐるメディアの歪みに関しては、記者クラブ制度の悪弊やメディアの横並び体質など、種々のシステム的病理の改善が必要だ、との指摘がワークショップで提起された。まったくその通りだと思う一方、最終的にはメディアに関わる人々の「立ち位置」の問題に行き着くようにも思っている。検察や警察といった捜査当局の側にベッタリと寄り添い、その尻馬に乗るかのような姿勢で事件を報じるのか。それとも、捜査当局のチェックこそメディアの第一義的な役割であることを肝に銘じ、刑事司法の不合理や捜査の不正義を果敢に摘出していくのか。

現状のメディアの佇《たたず》まいを眺めれば、事件報道の病理も刑事司法と同様、改善の気配は見られないのだが、ただ一つ、「日本の司法を考える会」ワークショップに参加していて勇気づけられることがあった。議論の場に少なからぬ大手メディアの記者や編集者も顔を見せ、ゲストを囲んでの討論に耳を傾け、刑事司法を伝える報道の問題点を自戒していたからである。病んだメディアの事件報道を覚醒《かくせい》させるのも、詰まるところ一人一人の記者や編集者の真摯《しんし》な努力の積み重ねしかない。

あとがき――歪みの修正に向けて

本書が紹介してきた「日本の司法を考える会」ワークショップは、一貫して「検察・警察のターゲットとされた側」の視座に立ち、検察・警察捜査と裁判の現状に強い苦言を呈してきた。「検察・警察の側」からの見方や報道ばかりが横溢《おういつ》する現状へのアンチテーゼともいうべき試みだったが、このまま検察・警察捜査の腐食が進んで日本の刑事司法が劣化していくことを望むワークショップ参加者など、もちろん一人もいない。

ワークショップ参加者の多くは、いずれも何らかの形で刑事司法の現場に関わっており、検察・警察や裁判所の内部にも誠実に職務にあたっている人々が少なからずいることを承知している。中でも本書の大きなテーマとなった検察捜査に関しては、特捜検察の取材を長く担当した大手紙の司法記者がワークショップでこんな風に指摘したことが印象に残っている。

「日本の検察は、基本的に慎重だと思う。ところが、ある時点を超えると突然乱暴になってしまう。特に世論や時代の要請に背を押された『国策捜査』と言われるような特捜事件の場合にそれが顕著だ。普段は慎重なのに、実際に大型事件の捜査に着手して動きはじめると、途中で捜査や見通しが誤っていたことに気づいても後戻りができず、暴走する。途中で『間違っていました』とは言えないから、必死に筋書き通りの事件をつくり上げてしまう」

メンツと無謬《むびゅう》主義に囚《とら》われて暴走する捜査は、もちろん徹底的に指弾しなければならない。ただ、近年における特捜検察の捜査に関して言うならば、本書のタイトルともなった「国策捜査」的な事件が横行するに至った要因は、検察のみにあるわけではない。

たとえば、破綻《はたん》した金融機関トップに対する検察捜査に典型が見られるように、「破綻のケジメ」を取らせるため政治や世論の要請を背に受けて動き出した捜査は、事件化するために無理矢理に罪を見つけ出すかのような倒錯した論理で進められることが多く、「はじめに筋書きありき」の検察捜査を明らかに助長させた。

そもそも、政治や社会の矛盾の処理を刑事司法に一任し、〝血祭り〟に上げる対象を見つけ出して捜査に喝采《かっさい》を送り、それで矛盾にピリオドを打ったかのように振る舞う風潮自体が不健全ともいえるのではないか。

結局のところ、刑事司法の病とは社会の病に過ぎない。メディアに携わる我々はもちろん、これもやはり刑事司法に関わる一人ひとりが声を荒らげて、歪みを正す努力を尽くしていくしか途《みち》はない。

さて、「はじめに」で記した通り、本書は「日本の司法を考える会」ワークショップにおける討議の模様をリポートしたものであり、筆者である私は討議の記録者であったに過ぎない。本書を生み出す原動力となったのは、「日本の司法を考える会」に集った一五人のゲストと、そして数多くの司法関係者だった。

一方、会の事務局としてワークショップの準備などにあたったのは、村上正邦氏の事務所と『週刊金曜日』の編集部である。村上氏と村上事務所の方々、また『月刊日本』主幹の南丘喜八郎氏や『週刊金曜日』副編集長の伊田浩之氏らの尽力がなければワークショップは存続できなかっただろうし、本書がこうして世に出ることもなかったろう。

最後に、「日本の司法を考える会」という貴重な場をつくり上げるために奔走された村上氏をはじめとする各氏に対し、最大限の謝辞と敬意を表させていただきたい。

青木理

文庫版のためのあとがき

「はじめに」でも記した通り、本書は二〇〇八年五月に刊行された単行本を文庫化したものである。以後、日本の刑事司法界ではさまざまな出来事があった。

裁判員裁判がスタートしたのは二〇〇九年八月だった。

一般市民から選ばれた裁判員を一審公判に参画させ、殺人などの重大事件の審理を担わせる裁判員制度は、日本の刑事司法史でも一大エポックともいえる変革であった。硬直し切った刑事司法の世界に市民の判断が注入されたことを評価する向きもあるが、私自身は裁判員裁判に相当懐疑的な考えを持っており、本書で取り上げた刑事司法の悪弊は基本的にすべて温存されたままである。

冤罪《えんざい》事件の発覚も相次いだ。

主なものを挙げるだけでも、足利事件で無期懲役刑を受けていた菅家利和氏の再審無罪が確定したのは二〇一〇年三月。布川事件で無期懲役刑を受けていた桜井昌司氏、杉山卓男氏の再審無罪が確定したのは二〇一一年六月。東電女性社員殺害事件で無期懲役刑を受けていたネパール人のゴビンダ・プラサド・マイナリ氏の再審無罪が確定したのは二〇一二年一一月。

毎年のように重大事件で冤罪が発覚するという現状は極めて深刻である。しかも足利事件と布川事件は死刑判決すら想定されたにもかかわらず、無実の三人がいずれも警察の取り調べ段階で犯行を「自供」してしまっていた。いわば日本の刑事司法の悪弊が如実にあらわれた事件といえる。

このほか二〇一二年には、パソコンの遠隔操作ウィルス事件でまったく無関係の四人が警視庁、神奈川県警、三重県警、大阪府警に逮捕され、一部は公判でも有罪が認定されている。また、ここでもやはり四人のうち二人が「やってもいないこと」を「自白」してしまっていた。

検察組織をめぐっても信じがたい不祥事が相次ぎ発覚した。

大阪地検特捜部では二〇一〇年九月、郵便不正事件をめぐる捜査過程で主任検事が押収証拠のフロッピーディスク記録を改竄《かいざん》するという所業に手を染めていたことが明らかとなり、公判中だった厚労省元局長の村木厚子氏に間もなく無罪判決が言い渡された。東京地検特捜部でも二〇一一年末、小沢一郎氏や元秘書への捜査をめぐって検察審査会に捏造《ねつぞう》報告書を提出していたことが発覚、大きな問題となった。

いずれも信じ難き大不祥事だが、大阪地検特捜部の事件では証拠を改竄した主任検事が逮捕、起訴されたばかりか、当時の大阪地検特捜部長や副部長までが犯人隠避容疑で逮捕、起訴される未曾有《みぞう》の事態に発展し、長きにわたって「正義の機関」かのように崇《あが》め奉られてきた特捜検察の化けの皮が、一部とはいえ剝《は》がされた。

これがきっかけとなり、二〇一〇年一〇月に法務大臣の私的諮問機関として発足したのが「検察の在り方検討会議」であった。直接の契機は証拠改竄事件だったとはいえ、検察不祥事や冤罪が続発する中、早急に話し合われるべきテーマは明白なはずだったろう。

たとえば、密室で行なわれてきた取り調べを録音・録画する「取り調べの可視化」。または、検察や警察が独占してきた証拠物の全面開示問題。あるいは、容疑を否認すれば延々と保釈を受けられない「人質司法」の改善策等々。いずれも本書の中で取り上げてきたが、日本の刑事司法に長らく巣食ってきた悪弊を徹底検証し、それをわずかでも解消するための具体的対策を取ることこそ喫緊の課題とされるべきだった。

しかし、この国の刑事司法を牛耳る法務・検察官僚はしたたかだった。いや、論点をずらして自らに有利な方向に筋道を捩《ね》じ曲げる悪知恵に長《た》けている、と言い換えた方が適当かもしれない。

鳴り物入りでスタートした「検察の在り方検討会議」は、事務局を法務省が牛耳ったことなどによって骨抜きにされ、ほとんど中身のない「提言」を二〇一一年三月に出して幕を下ろしてしまった。

それでもこの「提言」を受け、刑事司法改革をめぐる議論の舞台は法制審議会に移ることとなり、二〇一一年六月から法制審に「新時代の刑事司法制度特別部会」が設置された。刑事法や民法の改正などについて調査、審議する法制審は、その答申が基本的に法制化されるという極めて重要な機関であり、新設された特別部会で具体的な改革案の策定作業を行なうこととなったのである。

ところが特別部会の議論もおそるべき方向へと捩じ曲げられつつある。紙幅の都合でざっくりと分かりやすく記せば、特別部会は現在、事務局を取り仕切る法務・検察官僚の振り付けにより、次のような理屈で議論を進めている。

《日本の刑事司法は、治安の維持に貢献してきた。最近になって問題が起きたのは、捜査官の職務熱心の故であり、弁護士による弁護活動の活発化などによって取り調べが困難になっていることも背景にある。従って今後必要なのは、捜査手法のさらなる充実と多様化にほかならない》

耳を疑いたくなるような屁理屈《へりくつ》だが、具体的対策の方向も次のような代物になっている。

まず、取り調べの可視化などは最小限度の範囲にとどめ、押収証拠の全面開示といった対策もできるだけ避ける。逆に盗聴法の強化・拡大や司法取引制度の導入など、捜査機関側にとって大幅な権限拡大となる施策の充実を図っていこう――。

焼け太り。火事場泥棒。まさにそんな形容がふさわしい。

つまり、この国の刑事司法システムを中枢的に牛耳る法務・検察組織は、冤罪の続発と未曾有の大不祥事すら自らに都合のいい権益拡大の道具とし、新たな武器を得ようと蠢《うごめ》いているのである。このままいけば刑事司法の悪弊はほとんど改善せぬまま温存され、捜査当局の権限ばかりが増強され、冤罪に苦しむ人が後を絶たないという状況は続いてしまうだろう。

そんな時期、本書は大幅な増補・改定を加えて再上梓《じょうし》されることとなった。日本の刑事司法システムに張り付いた悪弊の実像を広く伝え、改善策の道筋を多少なりとも指し示し、法務・検察の思うがままの焼け太りを阻止する——本書がその一助になればと心から願っている。

二〇一三年九月

青木　理

【主要参考文献】

『真実無罪　特捜検察との攻防』宮本雅史（二〇〇五年、角川学芸出版）
『証言　村上正邦　我、国に裏切られようとも』魚住昭（二〇〇七年、講談社）
『汚名　国家に人生を奪われた男の告白』鈴木宗男（二〇〇九年、講談社）
『告発！　検察「裏ガネ作り」　口封じで逮捕された元大阪高検公安部長の「獄中手記」』三井環（二〇〇三年、光文社）
『検察の大罪　裏金隠しが生んだ政権との黒い癒着』三井環（二〇一〇年、講談社）
『検察との闘い』三井環（二〇一〇年、創出版）
『自民党　迂回献金システムの闇　日歯連事件の真相』東京新聞取材班（二〇〇五年、角川学芸出版）
『歪んだ正義　特捜検察の語られざる真相』宮本雅史（二〇〇三年、情報センター出版局）
『知事抹殺　つくられた福島県汚職事件』佐藤栄佐久（二〇〇九年、平凡社）
『「生きる」という権利　麻原彰晃主任弁護人の手記』安田好弘（二〇〇五年、講談社）
『特捜検察の闇』魚住昭（二〇〇一年、文藝春秋）

『反転　闇社会の守護神と呼ばれて』田中森一（二〇〇七年、幻冬舎）
『検察を支配する「悪魔」』田原総一朗・田中森一（二〇〇七年、講談社）
『必要悪　バブル、官僚、裏社会を生きる』田中森一・宮崎学（二〇〇七年、扶桑社）
『沖縄密約「情報犯罪」と日米同盟』西山太吉（二〇〇七年、岩波新書）
『密約　外務省機密漏洩事件』澤地久枝（二〇〇六年、岩波現代文庫）
『「冤罪」を追え　志布志事件との1000日』朝日新聞鹿児島総局（二〇〇八年、朝日新聞出版）
『公認会計士vs特捜検察』細野祐二（二〇〇七年、日経BP社）
『司法に経済犯罪は裁けるか』細野祐二（二〇〇八年、講談社）
『公安検察　私はなぜ、朝鮮総連ビル詐欺事件に関与したのか』緒方重威（二〇〇九年、講談社）
『国家の罠　外務省のラスプーチンと呼ばれて』佐藤優（二〇〇五年、新潮社）
『獄中記』佐藤優（二〇〇六年、岩波書店）
『裁判官はなぜ誤るのか』秋山賢三（二〇〇二年、岩波新書）
『検察の疲労』産経新聞特集部（二〇〇〇年、角川書店）
『検証「国策逮捕」　経済検察はなぜ、いかに堀江・村上を葬ったのか』東京新聞特

別取材班（二〇〇六年、光文社）
『裁判員制度の正体』西野喜一（二〇〇七年、講談社現代新書）
『証拠改竄　特捜検事の犯罪』朝日新聞取材班（二〇一一年、朝日新聞出版）
『噂の女』神林広恵（二〇〇五年、幻冬舎）
『取調べの可視化（録画・録音）の実現に向けて　可視化反対論を批判する（第2版）』（二〇〇六年、日本弁護士連合会）
『裁判員裁判の下における捜査・公判遂行の在り方に関する試案』（二〇〇六年、最高検察庁）

その他、本文中で直接引用したものを含め、各新聞や雑誌メディアなどの関連報道も多数参考とした。

この作品は二〇〇八年五月に金曜日より刊行されました。角川文庫に収録するにあたって、加筆・修正を行い、再構成しました。

増補版《ぞうほばん》
国策捜査《こくさくそうさ》
暴走《ぼうそう》する特捜検察《とくそうけんさつ》と餌食《えじき》にされた人《ひと》たち
青木《あおき》 理《おさむ》

平成25年 11月25日　初版発行
令和6年 12月15日　9版発行

発行者●山下直久

発行●株式会社KADOKAWA
〒102-8177　東京都千代田区富士見2-13-3
電話　0570-002-301（ナビダイヤル）

角川文庫 18234

印刷所●株式会社KADOKAWA
製本所●株式会社KADOKAWA

表紙画●和田三造

ISBN978-4-04-101081-5　C0195

角川文庫発刊に際して

角川源義

第二次世界大戦の敗北は、軍事力の敗北であった以上に、私たちの若い文化力の敗退であった。私たちの文化が戦争に対して如何に無力であり、単なるあだ花に過ぎなかったかを、私たちは身を以て体験し痛感した。西洋近代文化の摂取にとって、明治以後八十年の歳月は決して短かすぎたとは言えない。にもかかわらず、近代文化の伝統を確立し、自由な批判と柔軟な良識に富む文化層として自らを形成することに私たちは失敗して来た。そしてこれは、各層への文化の普及滲透を任務とする出版人の責任でもあった。

一九四五年以来、私たちは再び振出しに戻り、第一歩から踏み出すことを余儀なくされた。これは大きな不幸ではあるが、反面、これまでの混沌・未熟・歪曲の中にあった我が国の文化に秩序と確たる基礎を齎らすためには絶好の機会でもある。角川書店は、このような祖国の文化的危機にあたり、微力をも顧みず再建の礎石たるべき抱負と決意とをもって出発したが、ここに創立以来の念願を果すべく角川文庫を発刊する。これまで刊行されたあらゆる全集叢書文庫類の長所と短所とを検討し、古今東西の不朽の典籍を、良心的編集のもとに、廉価に、そして書架にふさわしい美本として、多くのひとびとに提供しようとする。しかし私たちは徒らに百科全書的な知識のジレッタントを作ることを目的とせず、あくまで祖国の文化に秩序と再建への道を示し、この文庫を角川書店の栄ある事業として、今後永久に継続発展せしめ、学芸と教養との殿堂として大成せんことを期したい。多くの読書子の愛情ある忠言と支持とによって、この希望と抱負とを完遂せしめられんことを願う。

一九四九年五月三日